时代印记

王志艳◎编著

寻找

弗洛伊德

延边大学出版社

图书在版编目（CIP）数据

寻找弗洛伊德 / 王志艳编著 . —延吉：延边大学
出版社，2013.8(2020.7 重印)
ISBN 978-7-5634-5913-1

Ⅰ . ①寻… Ⅱ . ①王… Ⅲ . ①弗洛伊德，S.（1856 ~
1939）—生平事迹—青年读物②弗洛伊德，
S.（1856 ~ 1939）—生平事迹—少年读物 Ⅳ .
① K835.215.1–49

中国版本图书馆 CIP 数据核字 (2013) 第 210662 号

寻找弗洛伊德

编著：王志艳
责任编辑：孙淑芹
封面设计：映像视觉
出版发行：延边大学出版社
社址：吉林省延吉市公园路 977 号 邮编：133002
电话：0433-2732435 传真：0433-2732434
网址：http://www.ydcbs.com
印刷：唐山新苑印务有限公司
开本：690×960 1/16
印张：11 印张
字数：100 千字
版次：2013 年 8 月第 1 版
印次：2020 年 7 月第 3 次印刷
书号：ISBN 978-7-5634-5913-1
定价：29.80 元

前言

　　历史发展的每一个时代，都会有对后世产生巨大影响的人物，都会有推动我们前进的力量。这些曾经创造历史、影响时代的英雄，或以其深邃的思想推动了世界文明的进步，或以其叱咤风云的政治生涯影响了历史的进程，或以其在自然科学领域中的巨大成就为人类造福……

　　总之，他们在每个时代都留下了深深的印记，烙上了特定的记号。因为他们，历史的车轮才会不断前进；因为他们，每个时代的内容才会更加精彩。他们，已经成为历史长河的风向标，成为一个时代的闪光点，引领着我们后人走向更加深邃的精神世界和更加精彩的物质世界。

　　今天，当我们站在一个新的纪元回眸过去的时候，我们不能不提起他们的名字，因为是他们改变了我们的世界，改变了人类历史的发展格局。了解他们的生平、经历、思想、智慧，以及他们的人格魅力，也必然会对我们的人生产生深刻的影响。

　　为了能了解并铭记这些为人类历史发展做出过巨大贡献的人物，经过长时间的遴选，我们精选出一些最具影响力、最能代表时代发展与进步的人物，编成这套《时代印记》系列丛书，其宗旨是：期望通过这套青少年乐于、易于接受的传记形式的丛书，对青少年读者的成长产生潜移默化的影响，使他们能够从中吸取到有益的精神元素，立志奋进，为祖国、为人类作出自己的贡献。

前言

　　本套丛书写作角度新颖，它不是简单地堆砌有关名人的材料，而是精选了他们一生当中最富有代表性的事迹与思想贡献，以点带面，折射出他们充满传奇的人生经历和各具特点的鲜明个性，从而帮助我们更加透彻地了解每一位人物的人生经历及当时的历史背景，丰富我们的生活阅历与知识。

　　通过阅读这套丛书，我们可以结识到许多伟大的人物。与这些伟人"交往"，也会进一步提高我们的思想品格与道德修养，并以这些伟人的典范品行来衡量自己的行为，激励自己不断去追求更加理想的目标。

　　此外，书中还穿插了许多与这些著名人物相关的小知识、小故事等。这些内容语言简练，趣味性强，既能活跃版面，又能开阔青少年的阅读视野，同时还可作为青少年读者学习中的课外积累和写作素材。

　　我们相信，阅读本套丛书后，青少年朋友们一定可以更加真切、透彻地了解这些伟大人物在每个时代所留下的深刻印记，并从中汲取丰富的人生经验，立志成才。

导 言

Introduction

西格蒙德·弗洛伊德（1856—1939），近代奥地利著名的精神科、神经科医生，世界著名的心理学家，精神分析学派创始人。

1856年，弗洛伊德出生在奥地利帝国的弗莱堡小镇（今捷克共和国普日博尔），4岁时跟随全家迁往维也纳，几乎在那里度过一生。少年时期的弗洛伊德智慧超人，读书时更是出类拔萃。1881年，他在维也纳大学获得医学博士学位。在随后的10年中，他开办了个人诊所治疗神经类疾病，同时开始致力于生物学的研究。

弗洛伊德的心理学思想是逐渐发展起来的。1895年，他的第一部与人合著的《癔病的研究》出版。1900年，他的第二部论著《梦的解析》问世，这是弗洛伊德所写的最具有创造性、最有历史意义的论著之一。此书尽管开始时滞销，却大大提高了弗洛伊德的声望。

此后，弗洛伊德继续进行神经性疾病和心理学方面的研究，陆续出版著作，在维也纳组织成立了一个心理学研究小组，名为"星期三学会"，被邀请前往美国进行学术讲座，逐渐成为一名知名人士。

弗洛伊德的一生备尝艰辛，受尽苦难折磨，但他百折不挠，矢志不移。在所有人都怀疑他的观点时，他始终忠于自己的理想，不放弃自己的追求。他创立的精神分析学曾多次受到学术界权威们的蔑视和社会上一些人的冷遇；他的老师、同事、朋友也先后在他最艰难的时期离开他；他为发展精神分析学而创立的国际学术组织内部也是不断分化，矛盾重重；……但是，这一切都没有阻止他对精神分析学的研究和探索，从而收获累累硕果。

1923年，弗洛伊德患上了严重的口腔癌，在去世前的16年中，先后进行了30多次手术。他默默地忍受着巨大的痛苦，继续研究、写作，从未动摇过自己的信念和理想。他以顽强的毅力和伟大的献身精神，将追求真理的旗帜竖立在人生航船的桅梢上，闯过激流，越过险滩，最终在人类思想史上留下了光辉的篇章。

　　虽然弗洛伊德的理论至今仍有争议，甚至未能赢得科学界的普遍认同，但不可否认的是，他仍然是人类思想史上的一位极其伟大的人物。

　　本书从弗洛伊德的儿时生活写起，一直追溯到他所研究的各项精神成果以及所取得的伟大成就，再现了弗洛伊德具有传奇色彩的一生，旨在让广大青少年朋友了解这位医学家、思想家、科学家不平凡的人生经历及高尚人格，从中汲取他对理想执著不懈的追求精神，以及面对困难和病魔时那种毫不屈服的顽强毅力。

目 录
contents

时代印记　目录

第一章　犹太商人的儿子

> 人生就像弈棋，一步失误，全盘皆输，这是令人悲哀之事；而且人生还不如弈棋，不可能再来一局，也不能悔棋。
>
> ——弗洛伊德

（一）

在世界历史上，流浪于欧洲的大部分犹太人常年饱受苦难。公元前6世纪以后，大批犹太人先后流落到中亚、西南亚和欧洲的一些地区。西格蒙德·弗洛伊德曾在自己的自传中写道：

"我的父母都是犹太人，我也保持着这一血统。我有理由相信，我的祖辈很早就在莱茵河（科隆，德国西部莱茵河畔的名城和重工业城市）定居生活。由于14、15世纪那里对犹太人大肆迫害，他们才不得不背井离乡，向东逃难。到了19世纪，他们又离开立陶宛，穿过加西利亚，迁返到德奥故地。"

欧洲各地的犹太人在漫长的历史中所受到的歧视、侮辱和迫害，以及犹太人勇敢斗争的顽强精神，对弗洛伊德的一生都产生了重大的影响。这种精神力量，曾经唤起他继承先辈们那种为保卫神殿所具备的那种蔑视一切的全部激情，坚定了他为历史上那个伟大时代而献身的信念和决心。

西格蒙德·弗洛伊德的父亲雅各布·弗洛伊德是一位心地善良、乐于助人的犹太商人。后来，弗洛伊德在谈到他父亲的为人时说，他就像狄更斯的小说《大卫·科波菲尔》中的人物米考帕那样，是个乐天派，"始终都充满着希望地期待着未来"。

1855年，雅各布同比自己小20岁的犹太姑娘安美妮·娜丹森结婚。在这之前，雅各布结过两次婚，两位前妻各留下一个儿子：大儿子名叫伊曼努尔，生于1832年；小儿子名叫菲利普，生于1836年。安美妮那时只有20岁，与她的继子差不多一样大，甚至比她的继子看起来还年轻。

雅各布与安美妮结婚的第二年，即1856年5月6日，安美妮在摩拉维亚的一个名叫弗莱堡（今属捷克）的小镇里，生下了一个漂亮的男孩儿，他就是日后享誉世界的伟大思想家西格蒙德·弗洛伊德。

据说弗洛伊德刚刚出生时就长着一头黑黑的头发，因此他的母亲亲昵地称他"小黑鬼"。弗洛伊德的祖父斯洛莫在弗洛伊德出生前3个月去世了。父亲雅各布为了纪念自己的父亲，最初给弗洛伊德取的名字为斯洛莫。

那时，弗莱堡还是奥匈帝国摩拉维亚省的一座小城市。在弗洛伊德出生前，全市仅有几条街，居住着大约5000人。随着社会的进步，这里的小型工厂、手工工场逐渐发展起来。在这样的条件下，雅各布经营的毛织品生意能勉强维持一家人的生活。

幼年时期的弗洛伊德是很幸福的，一是因为家境还算过得去，二是因为父母对他都十分宠爱。在弗洛伊德幼小的时候，父亲雅各布还专门请了一位保姆来照顾他。

　　这位保姆给弗洛伊德留下了很深的印象，以至在成年后还对她记忆犹新。弗洛伊德后来回忆说，这位保姆名叫娜妮，信奉天主教，年纪较大，形象比较难看，但很聪明。幼年时期那些关于天堂、地狱和《圣经》中那些激动人心的故事，弗洛伊德都是从这位保姆口中听到的。

　　弗洛伊德很喜欢这位保姆，但遗憾的是，这位保姆并没有能长期与他生活在一起。据说在弗洛伊德3岁的时候，她因偷窃的嫌疑被辞退了。对此，弗洛伊德后来在其著述中多次表示惋惜。

　　母亲安美妮十分宠爱弗洛伊德，对弗洛伊德的一生产生了深远的影响。安美妮活泼、聪慧，也很能干。她一生共生育了7个孩子：两个男孩和5个女孩，弗洛伊德排行老大，也是7个孩子中天赋最高、智慧最出众的一个。

　　因此，安美妮对这个儿子寄予了厚望，希望他长大后能出人头地。弗洛伊德后来在回忆母亲时说：

　　"母亲在同儿子的关系中总是给予无限的满足，这是最完全、最彻底地摆脱了人类的既爱又恨的矛盾心理的一种关系。"

　　与此同时，弗莱堡优美的自然景观和犹太人的意识形态对弗洛伊德以后的生活也产生了影响。从喀尔巴阡山一直延伸到他家附近的茂密森林，是他孩提时经常与父亲一起去的地方，喜爱大自然风景的强烈情感在他的内心不断滋长着。成年后，弗洛伊德回顾这段时光时说：

　　"这些都使我满足了智力上和美学上的需要。"

（二）

　　就在弗洛伊德在弗莱堡快乐健康地成长时，弗莱堡却忽然刮起了反对犹太人的狂飙。一直以来，犹太人虽然生活在气氛自由的小商业城镇里，人们和邻里之间也都相处融洽，但他们的生活却总是战战兢兢，唯恐随时会遭遇不测。

而这次反对犹太人的风潮也给平静的小镇带来了灾难。就这样，温暖祥和的家庭生活被打破了，弗洛伊德幼年的幸福生活也戛然而止。

1859年6月，父亲雅各布匆匆地带着全家离开了弗莱堡。这次迁徙，他们的目的地是汉堡，但在途中听说汉堡也发生了反犹骚动，雅各布只好带着全家折返德国萨尔森区的莱比锡。

等到反犹骚乱逐渐平息后，全家已经离开弗莱堡一年了。那里的家业已经被毁，生意也已凋落，该到哪里安家呢？面对一家老小，雅各布对未来产生了深深的忧虑。

最后经过商量，弗洛伊德的两个异母哥哥决定去英国发展，而4岁的弗洛伊德跟随父母去了奥地利的维也纳。在维也纳，弗洛伊德生活了将近80年，直到他临去世的前一年因躲避纳粹迫害匆匆离开维也纳前往英国避难为止。

维也纳是一座美丽的城市。在那里，蔚蓝色的多瑙河波光荡漾，绿树成荫的街道风光格外迷人。弗洛伊德刚刚到维也纳时，住在莱奥波尔斯塔特区的波菲尔街。这里是维也纳犹太人聚居的地方，街道狭窄，房屋拥挤，空气污浊。这一切，与维也纳美丽的自然风光和宽阔优雅的贵族居民区形成了鲜明的对比。

但是，在奥匈帝国的首都，贫穷的次等臣民也比在外省的小城市受到的屈辱和欺负要少一些。因此，雅各布安然认命了，觉得比起昔日的流亡生活来说，"日子好过多了"。

虽然天性乐观，但在维也纳，雅各布的运气并不太好。面对资金雄厚、经营多年的众多商家，要在这里重新打拼出一片天地谈何容易。无奈之下，雅各布只好告别业主身份，成为别人的雇员，并且时刻都面临着被辞退的危险。虽然他偶尔还做些羊毛和棉布的生意，但这也只是为他人作嫁衣裳罢了。

总之，来到维也纳后，一家人的生活颇为拮据。弗洛伊德在回忆自己从4岁到7岁的生活经历时说：

"那是很艰难的一段时期——不值得回忆。"

后来，弗洛伊德听说他的两个异母哥哥在英国的曼彻斯特开了毛织品工厂，并迅速发展起来，这让弗洛伊德十分羡慕。他曾多次向往英国，甚至长大后也不曾改变。在他的心目中，英国是一个充满自由、光明的国度，以至在把这个美好的向往和当时维也纳地区严酷现实的对比中，一直都感到心情不快。

（三）

弗洛伊德是在家中接受启蒙教育的，他的启蒙老师就是自己的父母。母亲是教他识字读书的第一位老师。在5岁时，弗洛伊德就已经能阅读一些带有文字说明的画册了。

成年后，弗洛伊德对当时父亲送给他的一本关于到波斯旅行的彩色故事画册还记忆犹新，津津乐道。他在《梦的解析》中说：

"这本画册的引人入胜和翻阅它的快乐，几乎是我们关于那个时代的唯一记忆——在我的回想中，它是具有塑造价值的一件事。后来，在我做学生时，我对于书籍总是有一股激情……在默念平生时，我总

是把这最初的激情归结于这一清晰的童年印象，甚至把这童年的场景认作我爱好书籍的一种'封面性'纪念。"

到了六七岁时，随着求知欲望的增加，父亲雅各布渐渐取代了母亲的教师角色，开始传授给弗洛伊德一些更加严肃、艰深的学问——宗教知识。而这种启蒙教育的课本就是《圣经》。

弗洛伊德的父母都是虔诚的犹太教徒，因此，父亲授之以《圣经》的意图不言自明：既使弗洛伊德习得知识，又为之树立信念。

然而有违父亲初衷的是：弗洛伊德终其一生都是一位无神论者。不过，这并不妨碍他从《圣经》中汲取各种各样的知识和获得多方面的体悟。阅读《圣经》开拓了弗洛伊德的求知视野，培养了他的阅读爱好，也增加了他的历史、人文等知识。

不过，《圣经》对弗洛伊德更为深刻的影响在于：无论是书中的故事，还是故事中的人物，抑或是《圣经》所揭示的人生境界、道德理想等，都在他的生命中刻下了深深的印记，持续地影响了他一生。正如弗洛伊德自己所说的那样：

"很久以后我才意识到，我之所以全身心投入于《圣经》故事的阅读（几乎与我掌握阅读技巧同步），是因为它持续地影响了我对于兴趣的选择。"

当然，父亲也不是无偿教授弗洛伊德的，弗洛伊德需要付费——以辅导妹妹的学习作为回报。

在教授妹妹的过程中，弗洛伊德表现出一种认真、负责，甚至是严厉的老师的态度。这对于一个尚处于贪玩年龄的男孩子来说，不能不说是十分难得的；但对于培养弗洛伊德的能力、责任感，促进他的成长来说，这也未尝不是一件好事。

持续的阅读也快速地增进了弗洛伊德的语言能力，并使他逐渐显露出在语言上所秉有的天赋。年少时，他甚至已初涉英文莎士比亚的作品，既沉浸于莎翁作品的精妙内容，又痴迷于英文的学习和训练。

9岁时，弗洛伊德又开始学习法语，一直到能够熟练地阅读法语著作。可以说，弗洛伊德对语言的兴趣整整持续了一生，除了熟悉母语——德语和他祖先的语言——希伯来语，以及英语、法语之外，他还认真地学习并掌握了拉丁语和希腊语。以后，他又自学了西班牙语和意大利语。在语言上的娴熟应用，广博了他的知识，开拓了他的视野，使他终生都受益无穷。

在10岁以前，弗洛伊德基本都是在家里接受教育。自从离开母亲的怀抱后，一直都是父亲负责他的教育。但是，父亲雅各布的文化水平较低，他的许多知识一部分来自犹太教的法典，一部分来自自己的生活经验。这也决定了他的知识的局限性和狭隘性。

但是，弗洛伊德有天赋的才能，对父亲教授给他的每一种知识都能加以理解。而且，他还有很强的分析能力。在这种家庭教育中，弗洛伊德与父亲的关系比以往更深了。如果说，在这之前他们之间只有父子感情，那么，此后他们之间又增添了师徒感情。

在弗洛伊德6岁的时候，母亲对他说："人是由泥土做成的，所以，人也必须回到泥土之中。"弗洛伊德不相信这件事。母亲为了证明这件事，在他面前用双手擦来擦去，接着她指着双手擦下的皮屑说："这就是和泥土一样的东西。"弗洛伊德不禁吃了一惊。从此以后，他就在自己的脑海中经常听到这样的回音："你必定会死。"也就是说，母亲所说的"必定要回到泥土里去"这句话给他留下了很深的印象。

第二章　维也纳大学的医学博士

没有一个没有理智的人，能够接受理智。

——弗洛伊德

（一）

由于从小就受到良好的家庭教育，加上幼年时非凡的天资和平时的努力自修，9岁时，弗洛伊德就以优异的成绩通过了中学入学考试，进入施帕尔中学学习，这要比标准的中学入学年龄提前一年。

当时德国和奥地利的中学都是8年制，在这一时期，学生不仅要完成中学的全部课程，还要修完大学预科的基本课程。从中学入学到毕业，弗洛伊德一直都是品学兼优的优等生，学习成绩常常名列前茅。正如他后来在自传中所说的：

"在中学里，我在班上连续7年都名列前茅，并曾经享受过一些特别的优待，几乎所有的课程都免试通过。"

在中学阶段，弗洛伊德接受的完全是严格的古典文化教育。拉丁文和希腊文的扎实学习使他开阔了眼界，让他看到了古代的世界，因而也让他对考古学发生了兴趣。他还具有以简单的句子来表达复杂概念的能力，其他同学大多都难以望其项背。

　　弗洛伊德还对自然科学产生了兴趣，这是由他在11岁时从学校获得的奖品《动物的生命史》一书引发的。后来，他经常到城郊的森林中散步，去那里搜集一些植物和花卉的标本带回来。

　　同其他同龄的男孩子一样，弗洛伊德也被各种军事冒险所吸引。男孩子们不论学习好坏，都喜欢玩军人的游戏，弗洛伊德也不例外。他最早读的书中，有一本是法国作家迪亚尔的《帝国和执行官的历史》。许多年后，他还记得他是怎样在木头步兵背上贴上标签，然后在上面写着拿破仑手下大将的名字。拿破仑是他早年时期心目中的英雄人物，他将拿破仑的英雄事迹背诵得滚瓜烂熟。

　　在中学阶段，弗洛伊德具有强烈的求知欲，勤奋学习，这为他以后的科学创造奠定了坚实的知识基础。

　　不仅努力学好学校开设的课程，他还千方百计地以课本中所涉及的知识内容为线索，广泛地阅读各种课外读物。这些书籍的知识涉及历史、文学、地理、数学、物理、化学和外语等多门学科。

　　在阅读这些学科内容时，弗洛伊德总是善于思考，勤于探索，喜欢从那些好像没希望解决的难题中找到突破口，然后按照问题本身固有的逻辑去分析，直至条理清晰，问题得到解决。

　　可以说，弗洛伊德从小就很善于锻炼和培养自己的创造性思维，在学习中喜欢创造问题本身所没有的、有利于解题的条件，然后借助于这些条件，使看起来似乎令人费解的难题迎刃而解。

　　在学校里，弗洛伊德从来不把读书和思考看成负担，相反，他不但把读书和学习作为生活的重要组成部分，还善于逐步总结和摸索有效的学习方法。

　　在家里，他还经常辅导妹妹们的功课，指导她们学习和巩固已学过的知识。他的妹妹安娜在15岁时要阅读巴尔扎克和大仲马的小说，弗洛伊德劝她不要那么早看一些不适宜的书籍。尽管这种劝说不一定正确，但由此可以看出他对学习方法的认识，那就是集中精力，打好基础。

在学习中，弗洛伊德还善于与其他同学讨论问题，有时甚至会为书中的一个问题与同学激烈地争吵起来。在妹妹安娜的记忆中，哥哥带回来的男孩子都是喜欢切磋功课的朋友而非玩伴。由此我们也可以看出：少年弗洛伊德是一个用功、执著、决心成功的男孩子。

弗洛伊德还十分喜欢歌德的作品。歌德那脍炙人口的诗歌、小说和戏剧对他的性格和思想影响很大。例如，歌德在一首诗中写道：

> 谁要做出大事，
> 就必须聚精会神，
> 在限制中才显露出能手，
> 只有法则才能够让我们自由。
> ……

这铿锵有力的诗句，对弗洛伊德发奋学习、树立崇高的理想和抱负产生了重要作用。

弗洛伊德还特别推崇莎士比亚。当他8岁时，他就开始看莎士比亚的作品，并将其中一些精彩的部分摘抄下来，背得滚瓜烂熟。他十分喜欢莎士比亚作品中那些精湛的语言表达和对事物及人生的深刻理解。

（二）

1870年，普法战争爆发。当时，弗洛伊德已经14岁。他对这场战争产生了浓厚的兴趣，密切地关注着战局的发展。据他的妹妹安娜说，在战争期间，弗洛伊德的书桌上一直摊着一张战场地图，他还用小旗做标识表示战争的进展情况。

弗洛伊德还经常激动地向妹妹们讲述战争的情况，以及军队一举一动的重要性，并说明各场战斗的意义。他幻想着自己长大以后能够成为一名将军。

但后来，弗洛伊德的这个愿望慢慢消失了。尤其是在23岁参军一年后，弗洛伊德简直完全失去了从军的兴趣，转而对科学研究产生了兴趣。

从1860年一家人迁往维也纳起，弗洛伊德的生活也开始走出狭小的天地。这主要从两方面说起：

一方面，弗洛伊德一家到达维也纳后，开始生活在欧洲的中心。虽然他们生活的地方并不繁华，但维也纳作为欧洲的政治、交通和文化的中心，还是让弗洛伊德的眼界大大地开阔了。同原来偏僻的弗莱堡相比，这里可以及时看到和听到发生在世界上，特别是欧洲各国的重大事件。此时的弗洛伊德虽然还只是一名少年，但他在智力和文化知识方面的过人水平让他能够敏锐地感受到历史前进的脉搏。因此，这里显然也成为他进一步成长的最好出发点。

另一方面，从1860年起到1873年弗洛伊德毕业于大学预科为止，恰好是世界历史和欧洲历史，尤其是德意志历史发生突变的时期。发生在这十几年间的政治事件、经济改革及科学发展等，一个接一个地震荡着弗洛伊德平静的生活，使他感受到了一种无形的精神鼓舞力量，从而推动他更加勤奋地学习各种文化知识。这样的生活环境无疑也成为弗洛伊德未来发展的精神源泉。

1872年，16岁的弗洛伊德已经是一个风度翩翩、神采飞扬的美少年了。除了浓黑的头发和明亮晶莹的大眼睛外，他还有着充分自信的表情。

这年，弗洛伊德花了一年的时间苦读，为升入大学做准备。他最初选择的科系是法律，主要因为它能够开启通往政界的大门，那是一个犹太人可能发挥影响力的少数场所之一。当时，与弗洛伊德来往密切的高年级同学海因里希·布劳恩是个打算涉足政界、在政坛上一展身手的年轻人。

日后，布劳恩果然成为德国最著名的社会主义者之一。布劳恩去世后，弗洛伊德在给其遗孀的信中，描述了当年他们之间的友谊和布劳恩对他的影响：

> 在大学预科期间，我们是形影不离的朋友……下课后的所有时间我们都是一起度过的……那时，我们并不能分清楚我们所追求的目标和方法。后来，我逐渐认识到，他的目标从根本上说是不对的。但有一点是确定的：我愿意与他一起工作，我决不能丢开他。在他的影响下，我那时也决定进入大学学习法律。

但是，在1873年初，弗洛伊德就改变了他最初的打算。原因是他听了一次演讲，演讲人朗诵了一小段歌德所写的《谈大自然》的诗，让弗洛伊德最终下定决心放弃法律，转而选择到医学院注册学习。

不过，弗洛伊德所决定的是放弃法律选择自然科学，而不是医学。因为此后，弗洛伊德在很多不同的场合都说过他并不是很喜欢医学：

"不论在彼时，还是在此后，我从未对医生这个职业产生过特别的兴趣。"

不过，这位少年后来却成为世界上最著名的医生，这与他最初的想法显然是不太一致的。

从法律一下子转学自然科学，弗洛伊德的行为被后人解释为从管辖人类转移到控制大自然。此外，或许他还有别的考虑，比如他家里的

经济状况能否承担需要很多金钱支持的法律界呢？那些一板一眼的法律辩论真的很吸引人吗？等等。

（三）

在进入大学之前，需要先通过入学考试。通过一年的紧张学习，弗洛伊德以极高的分数通过了大学入学的考试。1873年秋，刚刚满17岁的弗洛伊德踏入了维也纳大学医学院的大门。

按照通常的标准，在大学里弗洛伊德似乎算不上一个优秀的学生，这从他比别人迟3年，直到1881年25岁时才从医学院毕业这一点或许可见一斑。

之所以在大学滞留时间这么长，主要由于弗洛伊德在学习期间心有旁骛的态度有关。在步入大学以后，弗洛伊德并没有改变他淡漠医学的初衷，仍然兴趣广泛地涉猎其他学科。

尤其是在大学的前三年，他更是兴之所至，除了学习解剖学、显微镜实习、生理学等专业课程以外，还学习了许多与他后来所从事的专业不甚相关的课程，如化学、矿物学、植物学等。

此外，动物学家克劳斯讲授的动物学、生物学与达尔文主义等课程，也引起了他的极大兴趣。在大学二年级时，弗洛伊德不满足于医学专业的动物学课程，还选修了动物学专业的动物学课程。

另一方面，弗洛伊德对哲学的兴趣也在不断加深。即使是按照学校的规定，哲学这门课程也只应修习两年，而弗洛伊德直到三年级时，仍然每周一次准时出现在奥地利著名哲学家、公认的意动心理学创始人、哲学教授弗朗士·布伦坦诺所开设讲座的课堂上。

布伦坦诺所倡导的意动心理学主张：精神现象是看、听、说、思维等活动，而非感、知、觉等内容。意动心理学是一种经验心理学，重视经验的观察而轻实验。这种意动心理学思想日后对弗洛伊德的影响颇大，在其著名的著作《精神分析引论》中，弗洛伊德就曾指出过：

"你们常将机体的机能和失调建立在解剖学的基础上，用物理化学来加以说明，用生物学的观点作进一步的解释，而从来不稍稍注意于精神方面的生活，不知道精神生活是复杂的有机体最后发展的结晶。"

从这番话中可以清楚地看到布伦坦诺思想的形迹。在大学的整个求学过程中，弗洛伊德似乎都与布伦坦诺密切联系，他还曾应布伦坦诺的邀请，将约翰·斯图尔特·穆勒讨论柏拉图哲学和一些社会问题的作品译成德文。

这种在各个学科之间游荡，并且注意力不时转移的情形几乎整整持续了三年。后来，弗洛伊德自己似乎对这种学习方式有所反省：

"在大学的开始几年，我终于明白了，由于能力的性质以及所特有的局限，使我难以在年轻时急于献身的许多科学领域内均未获得成功。"

在这一期，还有一件荒唐的事情发生在他的身上。就是在大学三年级的时候，他为了一场无谓的争执与他人发生了决斗，幸亏没造成什么难以收拾的后果。这也是弗洛伊德一生当中唯一的一次决斗。

在大学的这些表现固然与弗洛伊德压根儿就无意做一个济世良医有关，但另外一个原因同样不可忽视，就是入学之初弗洛伊德对他所在大学的校园生活抱有较大的反感。

在进入维也纳大学之初，一件事时时在困扰着弗洛伊德，让他对大学生活倍感失望，那就是：大学校园中时刻都弥漫着歧视、排斥犹太人的风气。这让身为犹太人的弗洛伊德不时地感到一种压力。

其实与18世纪比起来，19世纪欧洲人歧视犹太人的心理已经有所减弱，排斥犹太人的行为也有所收敛了。尤其是在维也纳这样的国际性大都市，维也纳大学这样欧洲著名的高等学府情况更要好得多，但这并不意味着这种事情不再存在。作为一个极其敏感的人，弗洛伊德对这种事自然是十分在意，所以他也不时地感到一种若有若无的提醒：因为他是犹太人，所以就必须自觉低人一等，收敛自己，自甘于主流之外。

这些，一方面让弗洛伊德反感大学生活，甚至殃及到他对医学课程的兴趣；另一方面，却也在他的心灵中酝酿着一种特立独行、我行我素的素质。

不过，这种压抑不但没有让弗洛伊德气馁退缩，反而激发了他的斗志，进一步助长了他叛逆的气质，使他习惯于批评和反动派的立场，并以此为荣，而将站立在他对面的多数人讥讽为"密集的大多数"。

或许这也正是弗洛伊德孕育出勇气和能力的契机。从这个意义上来说，福祸实在是相倚相随的。

（四）

自从二年级增加了动物学和生物学课程后，弗洛伊德逐渐喜欢上了生物学，每周都要到克劳斯教授的实验室做10多个小时的实验。

克劳斯教授是1874年从德国格丁根大学来到维也纳大学的，对动物学，尤其是海洋学有着较深的造诣。来维也纳大学的第二年，他就在迪利亚斯特建立了一所动物实验站，优秀的学生每年可以到那里学习两次。

1876年初，弗洛伊德作为第一批选派的优秀学生到迪利亚斯特进行实习和海滨考察，这更加引起了他对生物学的注意和兴趣。这年

秋，弗洛伊德从迪利亚斯特实习回到学校后，由于必修生理学，他便进入布吕克教授的生理研究所。在弗洛伊德的科学生涯中，这是一个很重要的转折点。

恩斯特·布吕克是一位身材矮小的生理学教授，但却有着超人的智慧。1849年，他从科尔斯堡大学来到维也纳大学，维也纳大学给他开出了高得惊人的薪水，并给他一套宽敞的办公室。

但是，为了进行科学研究和实验，布吕克教授却主动搬到街角的一间旧兵器作坊里。那里有一大间两小间房子，破旧不堪，没有自来水和煤气，用水只能自己拿水桶到外面的水井中去打。有的房间还没有窗户，光线阴暗。但布吕克教授凭借自己的聪明才智和献身精神，在这座破旧的房子里建起了中欧最具影响力的生理研究所。

他在那间大一些的房间中安放了显微镜，让学生们在那里进行观察和实验；小房间用来做学生的实验室。在院子里，他还搭建了一个棚子，用来养一些实验用的小动物。

就是在这样一个陈设简陋的实验室里，布吕克教授培养出了许多世界一流的科学家。

自从遇到布吕克后，弗洛伊德追求科学真理的激情开始澎湃，人生航程的目标也更加明确。他后来回忆说：

"在布吕克教授的研究所，我才找到了归宿和充分的满足，同时也找到了我应该敬慕并可奉为楷模的人。"

在生理研究所，布吕克教授不仅教给弗洛伊德脚踏实地、矢志不移，在攀登科学高峰的道路上奋力拼搏的勇气和方法，还将自己的学术观点和思想传递给他。

在1874年《生理学讲义》一书中，布吕克教授将一切有机物的活动，包括人的活动，都归纳为"力的吸引和排斥"。这一观点是19世纪

70年代科学界很流行的观点，不仅影响着弗洛伊德的生理学研究，而且对他后来创立精神分析学的动力心理学内容，也产生了很大的影响。

布吕克教授指定弗洛伊德研究神经细胞组织学中有关神经元素的内部结构、高等动物神经系统的组成，以及与低等动物神经细胞的差别等问题。弗洛伊德研究的第一个课题，是鳝鱼生殖腺的结构，这是自亚里士多德以来一直都没有解决的问题。

为了研究这个课题，弗洛伊德解剖了400多条鳝鱼，终于将这一研究向前推进了一步。1877年，他写出了第一篇科研论文《鳝鱼生殖腺的形态和结构》，受到布吕克教授的称赞，随后这篇文章被推荐发表在科学院学报上。

第二年，弗洛伊德又开始研究蝲蛄的神经细胞。在研究过程中，他运用当时最先进的研究手段——显微镜观察活体组织，在神经生理学史上第一次发现并论证了神经纤维的理论。对此，布吕克教授认为，这一成果"已经远远超过一名新手的水平"。

弗洛伊德在追随布吕克教授后，掌握了观察问题的基本功。为了深入研究神经纤维的基本结构，他十分注重改进研究的手段和方法。而且敢于打破陈规，大胆地改进传统的实验方法。

科学的观察和实验离不开理性的支配。随着研究的不断深入，弗洛伊德越来越感到理性思维在观察实验中的重要性。但要将二者结合起来，不仅需要从感性的直观上升到理性的抽象，还需要想象、猜测、联想等形象思维。为此，他决心在科学的海洋里大展身手，展翅翱翔。

就在这时，因奥匈帝国与沙俄争夺巴尔干半岛，德奥两国为对抗俄国在巴尔干地区的扩张，于1879年缔结了秘密军事同盟条约。为此，全国大中小学都要军训，所有适龄青年都必须参军。弗洛伊德作为医科院校的学生，也不得不应征入伍。

在军营中，弗洛伊德也没有浪费时间，他抽空将穆勒的名著译成了德文。在这些著作当中，有的涉及劳工问题，有的论述妇女解放和社会主义问题，有的论述古希腊唯心主义哲学家柏拉图的哲学思想。这也让弗洛伊德有机会深入地学习柏拉图的哲学思想。

1880年退役复员后，弗洛伊德本来打算沿着神经科学这一道路当上教授，接老师布吕克教授的班。但在19世纪，这条路只有富家人的子弟才走得通，家境一般的弗洛伊德只好暂时放弃了这一想法。

1881年3月，25岁的弗洛伊德以优异的成绩和研究成果获得了维也纳大学医学博士学位。8年的大学生活，他不仅为自己未来的事业打下了坚实的知识基础，还结识了许多著名的学者、朋友和同事。当他走出维也纳大学毕业典礼的会堂时，即将面临着人生道路上的一项新的选择。

弗洛伊德已经两岁时，还尿床。他的父亲指责他不应该这样，他说："别着急，爸爸，以后我会在市中心给你买一个新的、美丽的、红色的床赔给你。"通过这些事，弗洛伊德的脑海中留下了这样的印象：父亲是个现实主义者，而母亲对他则是温情脉脉和充满亲切温暖的。

第三章　未婚妻玛莎

　　人不是根本不相信自己的死，就是在无意识中确信自己不死。

——弗洛伊德

（一）

　　在少年时代，弗洛伊德曾有过一次短暂的、宛若昙花一般的初恋，那是在1872年他16岁时出现的。

　　那年正好是弗洛伊德中学毕业之前，他回到自己的家乡弗莱堡游玩。在弗莱堡期间，他住在自己儿时的伙伴埃米尔·弗鲁斯家中。弗鲁斯一家也是以经营毛纺织品为生的，是弗洛伊德家在弗莱堡的世交。

　　弗鲁斯有个妹妹，名叫吉塞拉·弗鲁斯，年龄比弗洛伊德小一岁。小时候，弗洛伊德经常和吉塞拉一起玩。而现在，吉塞拉已经出落成一个亭亭玉立的少女了。

　　在弗莱堡期间，弗洛伊德和吉塞拉朝夕相处，经常在树林草地间漫步交谈，心中暗生情愫，但却羞于表达，不敢启齿。当吉塞拉离开弗洛伊德回家后，他一个人留在树林内想入非非。他幻想着自己的家如果不离开弗莱堡的话，他就可以在弗莱堡或在它附近成长为一个粗壮的农村少年，并有机会同吉塞拉结婚。弗洛伊德完全陷入情网之中，这种幻想在此后几年一直都伴随着他。

此后，弗洛伊德"再也不曾为爱情所困扰，直到10年后，邂逅了未来的妻子"。

1881年大学毕业后，弗洛伊德继续留在布吕克教授的生理研究所。每天除了做一些研究工作外，他还担任大学的助教。

就在这个时候，一个犹太姑娘闯入了弗洛伊德的生活。她就是终生伴随弗洛伊德进行科学创造的玛莎·贝尔纳斯。

玛莎1861年7月26日生于一个书香世家，比弗洛伊德小5岁。她的祖父依沙克·贝尔纳斯是有名的犹太学者，正统的犹太教教士。在1848年欧洲改革运动中，他坚持正统，仇视革命，但同时又与革命诗人海涅的关系很好。在德国当局迫害海涅时，依沙克的弟弟在巴黎主办的《前进报》上刊登了海涅的诗。海涅还在给这位编辑的信中，请他转达对正在巴黎的卡尔·马克思的敬意。

依沙克有3个儿子，两个是大学教授，还有一个名叫伯尔曼，就是玛莎的父亲。伯尔曼是一位商人，但也很有学问和修养。

1869年，8岁的玛莎随家父母由汉堡迁往维也纳，她的父亲成为奥地利著名经济学家洛伦兹·冯·斯泰因的秘书。1879年底，伯尔曼去世，由玛莎的哥哥埃里继任秘书。埃里后来与弗洛伊德的妹妹安娜结婚。

玛莎从小就受过严格的教育，具有良好的教养。1882年4月的一个晚上，玛莎与妹妹米娜到弗洛伊德家中拜访。当她们坐在客厅与弗洛伊德的家人交谈时，碰巧弗洛伊德下班回来。

通常弗洛伊德回来后，总是径直走向自己的房间，继续他的研究工作，从不关心客厅中是否有客人。这天晚上，他一进门就看到客厅中坐着一位漂亮的姑娘，手中正在削苹果，并与自己的家人亲切地交谈着。

弗洛伊德被这位美丽的少女深深地吸引住了，于是他破例地坐在客厅中与大家一起交谈。就是这第一次见面，将两个人的命运紧紧地联系在一起；也是这第一印象，为他们播下了爱情的种子。

（二）

在刚刚与玛莎相识的前几个星期，弗洛伊德总是感到羞怯，不会交际，也不敢大方地向对方示爱。但汹涌澎湃的爱情热浪和情感的巨大力量，驱使弗洛伊德很快改变了这种被动的局面。

后来，他每天送玛莎一支红玫瑰，并附上一张名片，背面用拉丁文、德文、西班牙文或英文写上格言、箴言等，并亲昵地称呼玛莎为"神仙公主"。

1882年6月17日，刚刚结识两个多月的弗洛伊德和玛莎订婚了。

这样，弗洛伊德再次面临一个新的选择：是先成家后立业，还是先立业后成家？立业与成家，也就是面包与爱情，这两者紧密相连，辩证统一。成家，就需要有富足的"面包"作为基础；立业，又需要温暖的家庭来作为后盾。两者很难说清谁主谁次。

弗洛伊德对此进行一番思考后，最后还是让成家的愿望屈从于立业的需要了。

几天后，弗洛伊德来到生理研究所，找到布吕克教授，问道：

"教授先生，为了结婚，我必须在大学里谋得一个正式职位，这样才能有晋升加薪的机会。您是否能向医学院推荐我做您的助手？"

布吕克对此一针见血地指出：

"纯科学是有钱人的行当。像你这样的情况，必须和所有没有什么财产的年轻大夫一样，行医看病。"

弗洛伊德不情愿地说：

"可是教授先生，我从来没打算行医，我学医也不过是想做个科学家。"

"如果你想结婚，你那位未婚妻是否有嫁妆呢？"布吕克问弗洛伊德。

"我想，可能没有。"弗洛伊德摇摇头说。

然后，布吕克教授耐心地劝说弗洛伊德去医院接受训练，以便今后可以挂牌开业。弗洛伊德觉得教授说得很有道理，只好接受布吕克的建议，违心地做了专职医生。

后来弗洛伊德在回忆这件事时说：

"1882年对我来说是个转折点，那年老师布吕克教授见我经济上有困难，认为我父亲不应该在我身上破费大量的钱财，他极力劝说我放弃理论性的工作。我听从他的劝告，离开了生理研究所，来到维也纳总医院当上了一名'临床实习医师'。"

1882年7月31日，弗洛伊德正式到维也纳总医院工作。这所医院是当时世界上首屈一指的大型医院和研究中心，医院的教授们都是奥匈帝国的著名人士。

医院有24个科室，14个研究所和门诊部，图书信息、科研设施等都

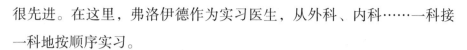

很先进。在这里，弗洛伊德作为实习医生，从外科、内科……一科接一科地按顺序实习。

这年10月，在神经精神科医生西奥多·麦那特的推荐下，弗洛伊德来到著名内科医生诺克南格尔的诊疗所，在这里接触了大量的病症，从诺克南格尔的"现场示范"中学到了一些诊疗技术。但作为见习医生，弗洛伊德不能进行科研工作，因此他只能在处理完病人后再去看书学习，往往直到凌晨一两点钟才能睡觉。

后来，弗洛伊德迫切地意识到，他不能继续将大量的时间都耗费在日常的看病中，而应有更多的时间从事病例研究。于是6个月后，他从内科转到了麦那特的神经精神病科。

麦那特是著名的神经病学家，曾在维也纳大学兼课，弗洛伊德在大学时就听过他的课，对其极其崇拜。在这里，神经系统组织学的知识更有了用武之地，弗洛伊德的兴趣也更浓厚。麦那特对弗洛伊德也很欣赏，提升他为神经科的住院医生。

1883年6月，玛莎跟随家人搬迁到汉堡附近的万兹贝克居住。从此，弗洛伊德和玛莎便开始了他们长达3年的分离和相思。

在这3年间，弗洛伊德几乎每天都要写一封热情洋溢的信给玛莎，既汇报自己的行止，又向玛莎倾诉自己的感情，字里行间都充满了爱意。3年下来，玛莎竟积攒了900多封弗洛伊德的信。

玛莎走后，弗洛伊德将大量的剩余时间都用来研读有关神经病的著作，还研究了许多男性和女性神经病患者，初步显露出从事神经病研究工作的卓越才华。后来，他又在皮肤科实习了3个月，并于1884年1月开始长时间地在总医院神经科工作。

由于出色的表现，这年7月，弗洛伊德被任命为神经科的负责人。

在麦那特等著名专家的指导下，他在研究神经纤维、神经细胞、神经错乱症等方面取得了许多成就。

<h1 align="center">（三）</h1>

尽管弗洛伊德每天都埋头于神经病的研究，但筹措结婚经费的事却在时刻缠绕着他。父母已经逐渐年迈需要赡养；弟弟妹妹们年龄尚小需要照顾；而家庭的经济状况每况愈下，以至一个妹妹不得不出去帮佣以补贴家用。为此，弗洛伊德不得不认真思考该如何缓解自己的经济状况。

根据临床的需要和对成家寄予的期望，弗洛伊德开始了对可卡因的研究。

"可卡"是印度的一种植物，耐严寒，当地人经常咀嚼它的叶子以缓解疲劳；德国人还拿它给士兵泡水喝，发现具有增强体力和耐力的功效。弗洛伊德从西德达姆斯塔市的一家化学公司弄到了一些从树叶中提炼的、当时还鲜为人知的可卡因，开始研究它的生理作用。

1884年4月21日，他在给玛莎的信中说，他几乎把成功的希望都寄托在这项研究中了。他强调，对可卡因的疗效，"也许已有许多人试过，也许这毫无价值，但是我不愿不试它就把它放过。你知道，经常有人试，始终愿意试，好日子才会降临到他身上。这种机会我们可以设想，只要遇到一次，我们的成家就不成问题了"。

为了能真实地体会可卡因对人体产生的作用，弗洛伊德亲自服用可卡因，检验其对人体的神经系统所起到的振奋作用，结果取得了明显的效果。不久，弗洛伊德便发表了一篇《论可卡因》的学术论文。

但当这项研究进行到一半时，弗洛伊德遇到一个机会，让他可以出去一趟，看望他久别的未婚妻玛莎。为此，弗洛伊德草草地结束了这项研究，只是向一位眼科医生建议，可以试一下可卡因在眼睛治疗过程中的麻醉功效。

不久，弗洛伊德的另一位朋友卡尔·科勒在听弗洛伊德向他讲述可卡因之后，便在牛的眼睛上试验了麻醉效果，并在1884年9月开幕的海德堡眼科大会上宣读了实验报告。这样，科勒就理所当然地成为可卡因用于局部麻醉的发明者。

虽然弗洛伊德没能取得这一发明权，但对同事的成功，他也表示了由衷的祝贺。在祝贺之余，他也感到有些遗憾，因为如果他不去看望未婚妻，就不会错失这次借助可卡因研究而一举成名的良机了。

不过，弗洛伊德发表的那篇关于可卡因的论文逐渐在社会上流传起来，中欧一些城市一时将可卡因当成一种时髦的常服药品。但也有人久服成瘾，药效也逐渐降低；有的人超量服用，还引起了其他症状。如此一来，弗洛伊德反而落了个"江湖骗子"的恶名。

借助研究可卡因实现结婚愿望的梦想破灭后，弗洛伊德考虑问题的思路也更现实了。在那时，不管是自己开业行医，还是到私立医院做医生，都需要有个"讲师"的头衔。有了这个职称，就能够在奥地利创办一家一流的私人诊所，也能获得在大学开设系列讲座的资格。虽然这种职称既没有工作，也没有资格参加一些科学院的会议，但一旦拥有它，一是可以获得大众无比的信赖，二是意味着不久就有晋升副教授的希望。因此在1885年1月21日，弗洛伊德正式申请讲师资格。

医学科学院委派以布吕克为主任委员的评审委员会，负责对弗洛伊德的任职资格进行考核。布吕克教授给弗洛伊德写了评价很高的评语，然后连同弗洛伊德的申请报告送交医学院教授大会表决，最终以21:1的票数顺利获得通过。

不久后，由于在科学研究上所取得的卓越成就，在布吕克教授的帮助和推荐下，弗洛伊德被批准获得一笔数目可观的出国留学奖学金。

这两个好消息令弗洛伊德欣喜若狂。弗洛伊德早就听说法国神经病学家沙克的大名，他曾打算先获得神经病讲师的职称后再前往巴黎深造，而现在，这两个愿望竟然同时实现了，怎么能不高兴呢？

弗洛伊德难以抑制自己的喜悦心情，他马上给远方的玛莎写信：

> 啊，这是多么美妙啊！我即刻就要腰缠银钱到你那里，给你带上好东西，并在你身边长时间地逗留；我就要到巴黎去了，就要成为伟大的学者，然后头上戴着大大的一圈光环回到维也纳，治愈各种顽固的神经疾病。我要拥抱你，让你变得幸福——我们一定会幸福的，会有许多许多的孩子！

1885年9月，弗洛伊德离开了维也纳，怀着欣喜和渴望的心情准备赶赴巴黎。

第四章　留学法国

　　如果一个人成为他母亲无可否认的宝贝儿子，那么他一生
都会拥有胜利的感觉，对于成功的自信心也一定很强，很少不
能达到真正的成功。

——弗洛伊德

（一）

　　离开维也纳后，弗洛伊德开始了他一生中最重要的一次旅行。他
首先到达汉堡附近的万兹贝克探望了未婚妻玛莎。这次到来与3年前
的秘密造访完全不同了。那时，他还只是一个刚刚从医学院毕业的学
生；而现在，他已经是维也纳大学的讲师了。即使他的天才还没有完
全显露出来，但至少他已经表现出一种成功的专职人员的气度了。

　　在万兹贝克，弗洛伊德与未婚妻玛莎度过了愉快的6个星期。1885
年10月11日，他从万兹贝克出发赶赴巴黎。

　　10月13日，弗洛伊德抵达法国的首都巴黎，投宿在拉派埃克斯旅社
时，发现玛莎的信已经寄来了，他马上给玛莎回信。他觉得巴黎令人

眼花缭乱，他很想念玛莎，希望玛莎能够陪在自己身边。

接下来的日子，弗洛伊德尽力适应环境，四处寻找比较便宜的住所，晚上还要到剧院去看戏，希望自己的法文水平能有所提高。

10月20日一大早，在各方面准备妥当后，弗洛伊德正式前往沙比特里尔医学院拜访沙克教授。

沙比特里尔医学院建造于法国路易十三当政时期，最初是乞丐、妓女和疯人的收容所，后来成为巴黎最大的妇女救济院。

1850年后，它可以容纳四五千人，但仍然不像一所医院，而是像极了恐怖的"疯人院"。但是，沙克教授改造了它。当沙克被聘为复健部的主任医师后，他在里面增加了教育和训练单位，以及许多实验室，还设置了癫痫症和癔病（也称歇斯底里症）病人的病房。在1885年，他将这个机构变成欧洲最著名的神经病理学研究中心。

弗洛伊德到达沙比特里尔医院时，医生和门诊病人正在闲谈。他看到正在为病人看病的沙克第一助手帕里·马力医生，在他周围还有一群客座医生。

10点钟时，沙克教授来到沙比特里尔医院。

沙克有着运动员一般的体魄，相貌也十分令人难忘：皮肤白皙，胡子刮得很干净，额头很低，眼睛冷静清澈，鹰钩型的鼻子，敏感性格者的嘴唇，很像一个古罗马帝国的国王。他的声音带有一定的权威性，语气严厉而辛辣。

沙克医生看了布吕克教授的介绍信后，便邀请弗洛伊德陪他一起巡视医院。

那天晚上，弗洛伊德在给玛莎的信中说，这里的每件事情都比他预想得要好，这让他感到很高兴，觉得自己来这里是来对了。

从这以后，每个星期一，弗洛伊德都参加沙克向他的病人所做的公开演讲课。沙克的讲课，以他如魔力般的敏锐和机智将弗洛伊德和其他追随者征服了。在弗洛伊德看来，沙克的确有教授的风范，他的讲课结构和内容都十分精湛，每一堂课都是一件小型的杰作。在这样杰出的导师的指引下，弗洛伊德如饥似渴地学习着，昼夜不停地研究那些最具有代表性的精神病例。

每个星期二，弗洛伊德还会很有兴趣地观察那些被带来给医院助手检查和讨论的门诊病人；每个星期三，沙克教授会巡视病房，在他的监督和指导下，弗洛伊德会仔细地观察和为病人做检查，并注意听沙克教授对他们所做的诊断。

在沙比特里尔医院，弗洛伊德如鱼得水。他在这里听课、做实验，与老师和同学们一起探讨。有一次，弗洛伊德听沙克教授感叹，没有人能把他的著作译成德文。弗洛伊德毛遂自荐，承担了这一工作。

在翻译了两卷文献后，沙克教授感到很满意，遂将弗洛伊德带入了一个新的社交圈：每星期二晚上在沙克教授家中举行的招待会，到会的都是巴黎各界的名流，出席的人都颇有来头。

弗洛伊德是第一次参加这种招待会，紧张得不行，甚至不得不服用可卡因来壮胆。他在给玛莎的信中说：

> 我的服饰很整洁，只不过我把那条倒霉的白色领带换成了一条从汉堡买来的漂亮的黑色领结。这是我第一次穿燕尾服，我为自己买了一件新衬衫和一副白色的手套，因为旧的手套已经不太好了。

我还理了发，把我杂乱的胡须修剪成法国式。

　　这天晚上，我共花费了14法郎，结果我的仪表非常好，别人对我的印象都不错。我喝了啤酒和咖啡，抽起烟来也很潇洒，感到非常自在，没有出任何的差错。

凡此种种，让弗洛伊德开阔了视野，学会了很多东西。

（二）

　　当时，奥地利的医学界纷纷否认男性癔病患者的存在，认为这种疾病只有女性才会患上。但在这里，弗洛伊德亲眼看到了为数众多、症状典型的男性癔病患者。而老师沙克对癔病所做的大量具有开创意义的研究打开了弗洛伊德的眼界，让他对癔病有了更加深入的了解。

　　由于弗洛伊德在研究中对老师的一些结论产生了疑问，他开始自己对癔病进行最初的探索。在教学中，沙克教授经常通过实例来演示论证，只要对病人实施催眠，然后告诉催眠状态中的病人，他们的身体中存在着一些癔病患者的症状，那么，这些症状就会完整地出现在处于催眠状态的病人身上。而且，所表现出来的这些症状与其他病人同类症状的癔病患者毫无二致：他们都会感到疼痛，出现痉挛、浑身发抖、知觉减退、局部麻痹等症状，甚至会出现记忆力丧失等。

　　沙克教授认为，这些现象从实验角度来看是颇有兴趣的，从治疗角度来看则毫无意义。他一向认为，癔病性症状都是由神经系统的损失，即生理性创伤所引起的，因此也只能通过生理性创伤的消除才能治愈。

但弗洛伊德在解剖中从未在癔病性病人的大脑或神经系统中找到遭受损伤的痕迹，因此对老师的论点产生了怀疑。他从自己的观察中得出的结论是：癔病性患者的损失发生在观念意识之中。也就是说，癔病性患者所患的是一种心理疾病。这种观点在当时自然是一个惊世骇俗的见解。

此外，沙克教授试图用催眠的方法发现癔病器质性基础的设想也打开了弗洛伊德的思路，引起了他极大的兴趣，成为他日后发掘神经病患者心理原因和用催眠的方法诊治癔病的一个契机。

最后，通过老师沙克教授的催眠演示，弗洛伊德开始初步接触到能揭示催眠、癔病病症秘密的无意识心理机制，开始觉察到这种心理机制的普遍存在，以及癔病患者的治疗与每个人的生活密切相关等。

不过，弗洛伊德在巴黎的经济状况并不好，那笔留学奖学金根本不够他在巴黎的生活开支。为了给玛莎和家人买圣诞礼物，他每天都要存下一两个法郎。有时想去剧院看戏，或者去凡尔赛宫观赏，都没有钱，只能望洋兴叹！

1886年新年到了，弗洛伊德给父母和朋友们写贺年信。在信的末尾，他写道：

"我为你们的健康干杯！"

而事实上，他的房间里除了白开水之外什么都没有。他举起一杯水，面对着天花板致意。此情此景，令人深感凄凉。

1886年2月底，弗洛伊德告别了沙克教授，离开巴黎，结束了他在沙比特里尔医院神经病诊所的留学生活，踏上返回维也纳的归途。

在归途中，他还是先到万兹贝克看望了未婚妻玛莎，然后又绕道柏林，在柏林的亚都佛·巴金斯基的诊所里逗留了几个星期，进修有关儿童精神异常症的课程。他写信对玛莎说：

"只要他们的脑子没有疾病，这些小家伙实在是很可爱。但是他们一得病，就令人惋惜了。我想，我不久后就可以在儿童医学上寻求发展了。"

不过后来，弗洛伊德又改变了这一主意。

（三）

1886年4月初，弗洛伊德回到维也纳。在离开维也纳时，他是个初出茅庐的神经病理学学者，迫切地希望在沙比特里尔医院学到有关神经系统解剖的全部学问。回来时，他对这方面学科的兴趣或多或少地有所增加了，并且在沙克教授出神入化的教导影响下，决定集中精力研究精神问题，尤其是癔病研究的问题。这时，弗洛伊德已经由一个基础精神病学的学生成长为动力精神病学的提倡者了。

弗洛伊德体会到：癔病病症的了解是开启人类思维谜团的钥匙。他准备在维也纳开办自己的精神病诊所，一是能开始重点研究有关精神类疾病的课题，二是可以营业挣钱，尽快与玛莎结婚。玛莎已经等了他整整4年了，人生能有几个4年的青春年华可以用来等待呢？

在花了3个星期给维也纳医学会准备一份报告后，弗洛伊德便开始着手准备自己开办诊所的事。在4月24日，弗洛伊德在维也纳《新自由报》上刊登了一则广告：

　　西格蒙德·弗洛伊德博士，维也纳大学神经病学讲师，在巴黎留学半年，新近归来，先设诊所于市府大街7号。

　　在弗洛伊德宣布门诊开业的第一天，竟然是复活节。这是个令人不可思议的开张日子，因为它是一个公定的假日，各行各业和政府机关都不办公，甚至城里每个急诊处都没有人值班。在一年中，除了圣诞节之外，这一天是最不适合医生开业了。

　　对弗洛伊德的这一行为，许多人猜测：他之所以选择在这天开业，或许是因为他极其不喜欢天主教教会，因此刻意选在这个节日开业。

　　在众人看来，弗洛伊德开办这种诊所并不会有什么好的前途。首先，他的医学技术还不成熟，算不上是著名的医生，而且也没什么资本可以帮助他度过营业上的淡季。

　　另外，他还浪费了许多时间迂回地进入医学这一行。他曾涉足药剂学、医事技术和小儿科疾病。如果他在任何地方曾显示出聪慧的火花，那也不过是昙花一现而已。虽然他现在专攻神经病理学，一厢情愿地认为可以在维也纳一展所长，但不久后却偏重于使用那种令医学界同事们不信任，以及病人不接受的诊疗方法进行治疗。

　　不过，在开始阶段，诊所的生意还是不错的，不少病人前来求医，弗洛伊德的研究工作和诊所的业务都有所进展。这时，弗洛伊德认为自己结婚已经不再是非分之想了。

　　然而没想到的是，在这年6月的最后一个星期，一封政府的公函送到弗洛伊德手中：

　　兹命令后备军人、中尉西格蒙德·弗洛伊德博士，于8月10日起到军中服役一个月。

　　这突如其来的消息弄得弗洛伊德在空荡荡的候诊室中横冲直撞。他用能想到的所有可以发泄不满的词语，一个劲儿地咒骂战争，觉得自己简直倒霉透顶：在医院工作的那几年，他随时都可以去；可现在诊所刚刚开业，病人刚开始登门，他也刚刚开始攒钱准备结婚，却突然要求他去服役！他走后，研究工作怎么办？诊所怎么办？结婚怎么办？

　　抱怨诅咒都没有用，弗洛伊德还是硬着头皮去军营中服役了一个月。从军营回来后，弗洛伊德在环形大街附近租下了一套公寓准备结婚。碰巧在这个时候，玛莎的姑妈和叔叔赠给玛莎一笔嫁妆，于是在1886年9月14日，弗洛伊德和玛莎举行了婚礼。

　　弗洛伊德和玛莎相恋4年，忍受了4年分离的痛苦，现在终于迎来了"执子之手，与子偕老"的一天。

　　婚礼的公证仪式是在9月13日于万兹贝克市政厅举行的，第二天就是宗教的结婚仪式，弗洛伊德依照古希伯来的新郎规矩行礼，然后新婚夫妇外出度了两个星期的蜜月。

第五章　对癔病的研究

　　任何五官健全的人必定知道他不能保存秘密。如果他的嘴唇
紧闭，他的指尖会说话，甚至他身上的每个毛孔都会背叛他。

——弗洛伊德

（一）

　　弗洛伊德和玛莎结婚后，在新婚的最初几个星期里，他不得不面对许多问题。其中之一就是缺少金钱，而弗洛伊德在新居第一天执业时，竟然没有足够的椅子给客人坐，玛莎只得跑出去向邻居借来椅子暂用。

　　另外，弗洛伊德还不喜欢某些犹太人的规矩。玛莎的一个亲戚后来写道：

　　"我记得很清楚，玛莎告诉我说：弗洛伊德在他们婚后的第一个星期五晚上，不允许她点燃安息日的灯，这是她一生中颇感懊恼的事。"

　　但毫无疑问，这对夫妻的生活还是很快乐的。身为女主人的玛莎对丈夫十分支持，也完全依照弗洛伊德的职业要求来理家。而她对于弗洛伊德所研究的精神分析学所持的态度是：忠诚地隐藏住她的怀疑，

只是轻描淡写地对一个访客发出无关痛痒的牢骚。她会说：

"你真的相信一个人可以用精神分析对待小孩子吗？我不得不承认，如果我不知道我的丈夫对于他的研究如此认真和执著，我就会认为精神分析是一种淫秽的东西！"

1886年的10月15日，弗洛伊德在维也纳医学协会宣读了他的一篇论文——《论男性的癔症》。这时，关于癔症的争论主要集中在"心态的来源"这个方面。这种观念已经被许多英国医生所接受，也受到了沙克教授的支持；但在德国和奥地利，人们对其却议论纷纷。弗洛伊德特意选择在这个时机宣读了他的论文。

当时在医学上，癔症往往都被看成是妇女病。由于这个词的词根是"子宫"，医疗中都将它诊断为"子宫倒错"或由女性器官病症所引起的一种病。因此，在治疗这种病时，医生通常都会毫无依据地采取切除女性性器官的野蛮手术，或让病人嗅一种能引起子宫收缩的植物。

而巴黎的神经学教授沙克抛弃了以上这种荒唐的观念和医疗手法，确认癔病属于一种神经系统疾病，这在医学史上是一个卓越的贡献。

因此在这篇论文中，弗洛伊德陈述了自己在巴黎的求学经验，接着又详细地讲述了一个癔症的病例：一个病人从建筑物的脚手架上摔下来后，有一只手臂麻痹了。后来弗洛伊德证实：这个受伤很重的男性癔病患者是由于精神上的打击而出现手臂麻痹的，并非因为身体上的直接伤害。

然而弗洛伊德的观点一提出立即就引起了一片反对声。那些年高资深的医生对此都表示惊讶，其中一位说：

"老兄，你不要再胡扯了！癔症就是子宫病！而男人怎么能患上子宫病呢？"

不论弗洛伊德如何向这些权威人士解释，都是徒费唇舌，没有人相信他。

在自己的论文观点遭到冷落后，弗洛伊德花了9天时间找到一位典型的癔病患者。这位患者是一个炼钢工人，他的病没有器质性的损伤，只不过与兄弟吵了一架后就半身瘫痪了。

弗洛伊德把这位病人带到维也纳医学协会，当众介绍了病例，并作了现场治疗表演。他运用从沙克教授那里学来的催眠法，让这位病人的状况最终消失。

这一情况得到的反应，先是一阵掌声，然后是一片沉默，接着，主席面无表情地宣布散会。后来，弗洛伊德听到权威们在私下说：

"催眠术这种瘟疫不能在维也纳传播。"

（二）

对于弗洛伊德来说，只要他确定了自己追求真理的目标，再大的权威反对他，他都不会改变初衷。因此，他继续对自己的研究课题进行大量的临床研究和实践，接触各种典型的神经病例。但由于癔病的治疗在维也纳一开始就遭到冷遇，所以麦那特的研究所也不让他再去了，这让弗洛伊德连续几个学期都没地方开课。

无形之中，弗洛伊德已经被各个研究所和大学课堂拒之门外，他由此初尝到了被"密集大多数"所拒斥的滋味。但弗洛伊德或许还没意识到，这不过是他一生中遭受"密集大多数"冷落、压制和辱骂的开端。

弗洛伊德诊所的生意也因此受到了影响，病人越来越少。每天一大早，弗洛伊德和玛莎就打足精神坐在门诊室里等候病人，但往往半天过去也不见一个病人前来，有时甚至好几天都不见一个病人。由于生活拮据，弗洛伊德不得不把自己的一块心爱的金表和结婚时他送给玛莎的金表送到当铺。

作为维也纳大学医学院神经科的讲师，弗洛伊德所开办的诊所自然主要是诊治各类神经症患者的，但这其实并不包括器质性神经病患者，只有精神神经症患者。但在当时，器质性神经症的治疗前景并不好，而且在维也纳这样的大城市里，与众多精神神经症患者相比，器质性神经症患者的数目也是微乎其微。

患者虽然较多，但来弗洛伊德诊所就诊的患者却日渐稀少。很明显，问题还是出在疗效上，这是医生的有声广告。

所以，要改变贫穷的状态，坚持自己的科学研究，唯一的方法就是提高疗效。弗洛伊德坚定不移地将自己从巴黎沙克教授那里学来的医疗技术用于医疗实践当中。他尝试各种电疗、浴疗、推拿疗法和催眠疗法等，结果取得了令人满意的效果。

在当时，电疗法是很流行的，但弗洛伊德在实践中发现它的效果其实是很有限的。于是，他从1887年12月起便更加集中地使用催眠疗法。

催眠术是从古老的医术中演化而来的。在远古或奴隶制时期，精神失常和神经病患者都被看做是"妖魔附体""中邪着魔"。要让这些病人恢复正常，就要采用残酷拷打患者肉体的野蛮方法，以驱赶妖魔邪气。

这种做法一直延续到18世纪的后期，直到19世纪才稍有好转。1845年，德国精神病学家首次提出了神经病的机体病因说，将病原归于大脑的生理机制，从而引起了科学观念上的一场革命。

后来，奥地利维也纳的医生安东·梅斯梅尔博士创立了"通磁术"

来治疗精神疾病。他认为，人体内有一种"动物磁波"周流全身，疾病则是这种磁波在体内阻塞或失去平衡所致。"动物磁波"可以通过人的意识用一定的方法来疏通，以恢复平衡，从而治愈疾病。

19世纪后期，英国医生布雷德正式提出了"催眠术"这个概念。不久，德国医生利尔伯也开始将催眠术用于临床。

在当时，对"催眠术"的认识有两种不同的观点：以法国著名精神病学家沙克为首的巴黎学派认为，催眠是由神经症状所引起的，催眠的昏迷、萎靡和梦游三种状态，都是以生理变化为特征的；而以法国医生伯恩海姆为首的南锡学派则认为，催眠不一定都是上述三种状态，即使这三种状态也完全是暗示作用的结果，而暗示则是一种心理作用。

伯恩海姆还认为，催眠暗示是一种普遍的心理作用，催眠的关键是受催眠者对主持催眠者的信任。伯恩海姆先向接受催眠者说明催眠的原理和作用，然后再让受催眠者躺在安乐椅或床上，他则连续用单调、呆板的声音向受催眠者暗示：

"注意！你的心里什么都不要想，你的眼睛已经很疲倦了，睁不开了，看不见东西了，你在打盹了，你要睡着了……"

经过这一暗示，患者很快就能合目入睡。

后来，沙克教授的学生经过研究发现，精神病其实属于心理疾病，是精神分裂的结果。所以，催眠术其实是一种心理治疗的方法。

（三）

尽管催眠术的产生和应用标志着精神病疗法的革命，但奥地利医学

界在弗洛伊德之前都很少使用这种方法，一些著名的学者甚至认为催眠术是医学界的一种不幸。而弗洛伊德在科学研究上的最高贵的品质在于：他敢于向传统和权威挑战。正是通过运用催眠术，他发现在人的意识背后，还潜藏着另一个心智过程——潜意识。

后来，弗洛伊德发掘这种潜意识并加以分析，建立了他的精神分析学的整个科学体系。在弗洛伊德看来，所谓潜意识就是被心理抑制和压迫着的领域，它栖息在内心阴暗的角落里，要经过外力的帮助、引诱和启发，经过某种分析的"照明"，除掉精神的压力，才能够转化为"意识"。

这种"潜意识"在未发现以前是深不可测的；就其内容和倾向性来说，也是有好有坏的；它有时甚至被抑制为一种荒谬不经的"梦魇"。这种内心的秘密，又好像是人在时间中漂流，如同一座冰山，大部分浸在无意识的海洋中，小部分"漂浮"在"意识"的层面上。正是这种关于"潜意识"的观念，最终构成了弗洛伊德的精神分析学的理论基础。

须知，恰恰是催眠疗法为"潜意识"的发现提供了一个重要的线索。由此可见，弗洛伊德的精神分析学本身并非主观杜撰出来的臆想，而是在弗洛伊德及其同事们的医疗实践中总结和发展出来的理论。

对"潜意识"的发现，让弗洛伊德想起了1882年时布洛伊尔教授给他讲过的治疗一位名叫安娜·奥的姑娘的病例。

约瑟夫·布洛伊尔是奥匈帝国最著名的医生之一，也是著名的科学家。他比弗洛伊德年长14岁，两人于19世纪70年代末在布吕克教授的生理研究所相识后，很快就成为好朋友。

从1880年12月到1882年6月，布洛伊尔教授都在给这位名叫安娜·奥的姑娘治疗她的癔病。

安娜是一位聪明伶俐、性格柔顺的姑娘，出生于一个富裕的家庭，从小就受过很好的教育，通晓英语、法语、意大利语等多国语言。她的家人信奉清教，因此对她管束甚严，生怕她遭受外界的诱惑，失去童贞。

自从16岁中学毕业后，家里便禁止安娜进一步求学深造，甚至限制她阅读书籍，更禁止她到剧院看戏。所以，大部分时间安娜都是在家中度过的。为了摆脱寂寞和无聊，她只能为自己编故事聊以解闷。

在21岁时，安娜得病了，发病时全身痉挛，意识错乱，精神抑郁。布洛伊尔在给她检查后发现，安娜还有种种更为严重的病症：严重厌食，半边脸麻木，一条胳膊和一条腿不能动，不时地出现幻觉，记忆缺失，失语，出现剧烈的头痛，等等。检查的结果没有发现她有任何器质性病变，生理上毫无问题，属于典型的癔病类型。

安娜的父亲当时已经患病长达一年之久，最终陷于不治。父亲去世后，安娜的病症更加严重了：她常常陷于深深的抑郁之中无法自拔，常常无法认人，不时地出现痉挛性麻痹，精神处于极度混乱之中，幻觉现象加深，语言出现障碍，发病时还常常失去德语能力而说不是母语的英语。

布洛伊尔对安娜实施了深度催眠，然后问她压在她心头的到底是哪些念头？

病因终于弄清了：原来，安娜长期侍奉父亲，暗中爱慕自己的父亲。在父亲去世后，她那被压抑的恋情因失去对象而引发了妄想症。

就这样，安娜在被催眠后的虚妄状态下，道出并排弃了那些压抑在心头的忧患，病症也有所减轻以至消失。

经过布洛伊尔的努力，安娜终于康复并能够进行正常的工作了。在治愈安娜的过程中，布洛伊尔从理论上得出的最重要的结论是：精神神经症症状来源于无意识过程，一旦这种过程成为意识过程，则精神神经症的种种症状就会随之消失。

对此，弗洛伊德认为，患者在失去自控能力的情况下，能够恢复曾受到多种压抑、难以在正常状态下表现出来的原始意识状态。这说明：在人的正常精神状态背后，在意识的深处，存在着一个原始的意识层。

弗洛伊德对这一病例表现出了极大的兴趣。1885年，他在巴黎留学时，曾满腔热情地将这一发现告诉给沙克教授。但遗憾的是，沙克教授对此并不感兴趣，以后他就再也没有提及此事。

现在，弗洛伊德又想起了安娜的病例和催眠法。他一直觉得这个病例好像蒙着一层晦涩暧昧的帷幕，而布洛伊尔在关键处却总是绝口不提。这让弗洛伊德感到不解，为什么布洛伊尔不继续对这一病例研究下去呢？

他忽然想起布洛伊尔在说到癔病时说过的一句话：

"这种病往往是床上的病。"

同时，他又想起沙克教授在与他私下谈话时也承认，癔病与"生殖的事情"有关，但在正式的场合问他，他又断然否认。

在奥地利，著名妇产科医生克罗巴克也明确地认为，癔病与"性的事情"有关，但到了公开场合他也闭口不谈了。

这让弗洛伊德陷入了沉思，布洛伊尔、沙克教授、克罗巴克在针对不同的患者时，都得出了相同的结论，可在医学理论和实践中，又没有一本医疗论著、一个临床范例揭示过人的性行为对人的意识、神经健全和身体健康有关。这一超乎寻常的、过激、新颖而又不太雅观、难以启齿的观点，莫非真的蕴涵着一定的科学真理？

可是，同是这些权威尊贤们，又在这种病例中缩头缩尾，不愿公开言论，这让弗洛伊德更加迷惑了。

（四）

弗洛伊德一向具有这样一种作风：学习别人的成果时总是很谦逊，但永远将学习别人的长处当成迈入新征途的第一步。如果经过思考和观察以及实践，发现已有成果的不完善性时，他马上又会毫不犹豫地再次奔向新的更高的目标。

在经过治疗实践和研究后，弗洛伊德发现催眠术暗示作用的局限性。当时，最令他感到困惑的有两点：一，他不能使催眠术百发百中，也就是说，不是所有的病人都能够催眠成功；第二，他不能把每一个病人催眠到他所期望的那种深度。

为了让催眠术更臻完善，1889年夏，弗洛伊德亲自到法国南锡，试图向多年应用催眠术的法国医生们求教。

南锡是法国东部的重工业区——洛林的首府。这里的医院和医学院都不在市中心，而是在城外。弗洛伊德再次来到法国，心情十分愉快。再到医院一看，楼里楼外干净明亮，院子里鲜花盛开，环境幽雅，气氛温馨，给人一种宾至如归的感觉。

在老朋友希波莱特·伯恩海姆的介绍下，弗洛伊德见到了一位名叫昂布鲁瓦兹·奥古斯特·利尔伯的乡下医生。

利尔伯毕业于斯特拉斯堡医学院，他从一位牧师那里看到催眠术后，就对催眠术产生了兴趣，从此立志学习催眠。

经过多年的潜心研究和实践，利尔伯的医术不断提高，影响也越来越大，尤其是"诱导睡眠"和"口头暗示"已经名扬欧洲的大部分地区。

然而，他却被排斥在医学院和大学讲台之外，一些名门尊贵也不去光顾他，生怕丢了体面。

在利尔伯那里，弗洛伊德亲眼看到了利尔伯为病人治病的情景。利尔伯的催眠方法很简单，但他的神情、声音、举止等，都显得深沉老练。

此后，弗洛伊德每天到利尔伯那里学习催眠术。在那里，他也接触到了大量的病例，引起了他深深的思考。他总感觉：这些病情与人的第二意识有关，潜意识里的那些因素会引起这类病症。如果不能深刻地揭示其中的奥秘，又怎么能精确地去治疗这些疾病呢？作为一名科学家，应该冲破一切困难和阻力，去打开这扇神秘而禁锢的大门。可是，像沙克、利尔伯这些资艺高的人，为何不去探究这个未被发现的新大陆，而只是在现有成就的基础上徘徊不前呢？

从南锡回来后，弗洛伊德接收了一些病人，也遇到许多不同的病例。在治疗过程中，既有成功的，也有失败的，这让弗洛伊德再次认识到催眠术对治疗神经疾病不具有普遍性的特点。要想彻底地治好这种病，就需要对催眠术进行改造和发展才行。

弗洛伊德说，真正的精神分析开始于放弃催眠术。放弃了催眠术后，弗洛伊德继续探索思考，逐步摸索，渐渐总结出一些新的医疗方法。

弗洛伊德了解到，布洛伊尔当初在给安娜治疗时，病人却将对父亲的情感转移到布洛伊尔的身上。后来，布洛伊尔为了避免出现麻烦，就不让安娜再来找他看病了。

其实弗洛伊德也遇到过这样的情况，在治疗过程中，病人醒来后一把就搂住他的脖子，累得他急忙呼喊女佣或妻子来解围。

由此，弗洛伊德发现，病人将强烈的内心骚动和长久压抑在心中的忧郁移授给医生，这就是"移情"；而医生接受这种"移情"就是治愈的条件。相反，如果医生拒绝、逃避，就是"反移情"；而反移情就会加重病情。由于布洛伊尔对安娜的"反移情"，结果使安娜的病情加重，乃至拖了许多年。

这也就是说，要治好病人，医生既要接受患者的移情，又要设法解脱移情。为此，弗洛伊德在"谈话疗法"中采取了两项措施：一，听病人申诉病因时，坐在病人看不到自己表情的地方，或者背对着病人；二，要求病人必须交费，以促使病人明确他与医生的关系，从而解脱他的移情情绪。

在"谈话疗法"的基础上，弗洛伊德还提出了"宣泄疗法"。他认为，只要病人受到医生真心的关怀和诚挚的鼓励，一旦对医生产生信任，再用恰当的方法，病人就可以完全倾吐出埋藏在心里的隐患，将受到压抑的情绪完全宣泄出来。

后来在诊疗时，弗洛伊德就让病人躺在一张舒适的床上，身心放松，自由联想。而自己与病人相背而坐，静静地听着病人诉说。不论病人怎样语无伦次、意向杂乱，敏感的医生也要随之漫游于意向，对其所倾诉的发病背景洞若观火，并顺其自然，寻机发问；然后，医生对这些材料进行整理分析，直到患者和医生都认为找到了病因为止。

这种治疗方法就是自由联想法。弗洛伊德采用自由联想法治疗神经病症，取得了很好的疗效。

弗洛伊德出生在一个犹太家庭。犹太人家里经常要召开"家庭会议"，讨论家中的一切问题和重要事务。依据犹太教的规定，父亲是"会议主席"，家中的每个成员，年幼的、未成年的孩子都要参加，发表意见，参与举手表决。有一次，家庭会议研究给新出生的小弟弟取什么名字。弗洛伊德主张取名为"亚历山大"，并给出了充分的理由。最后，全家人都接受了他的意见，小弟弟便取名为亚历山大。

第六章 开拓精神分析理论

道德感是人的独特品质的一个组成部分。

——弗洛伊德

（一）

在研究癔症问题的同时，弗洛伊德还研究人脑解剖方面的课题。在这方面，他已经算是一个公认的专家了。

在19世纪80年代，医生们都认为"失语症"（包括身不由己的口齿不清和不能了解他人语言的复杂精神失常）是某些脑叶受到损害造成的。但这种解释并不能说明疾病的各种不同症状。

为了比较科学地解释这一病症，1891年，弗洛伊德的《论失语症》出版了。在这本书中，弗洛伊德从一个全新的角度去探索，对许多不同的病症提出了功能性的解释。

《论失语症》出版后，大约有10年都没有医学杂志理会它，但能出版就代表着有所进步。

此期间，弗洛伊德的经济状况并没有大的改变，虽然不再像诊所刚刚开办时那么贫穷，但为了摆出成功医生的排场，他还是得经常到处

筹钱。

还有一个让弗洛伊德为钱烦恼的原因，就是家中人口不断增加。到1889年，他的长女玛西黛和长子马丁都出生了；1891年，次子奥利弗出生，次年三子恩斯特也加入到这个家庭当中。接下去，玛莎又生育了两个孩子，分别是1893年出生的苏菲和1895年出生的小女儿安娜。

孩子的陆续出生，让弗洛伊德的家庭开销日益增多，家里也变得拥挤不堪。1891年，在奥利弗出生后，弗洛伊德大胆地搬了家，这个改变一半出于计划，另一半也是冒险。他和玛莎列出了必备的条件：他们所需房间的数目、接待病人的理想环境以及还要靠近学校，方便孩子们上学，等等。

接着，弗洛伊德就开始找房子。起初一直没有找到合适的，有一天，弗洛伊德雇了一辆马车去给一位患者看病。在下午诊疗完毕后，他开始在市中心漫无目的地散步，无意间发现自己站在一栋建筑物的外面，那里恰好有一幢公寓要出租。弗洛伊德随即进去查看，发现它很适合他们一家的需要，因此立即签下了租约。

回到家后，弗洛伊德告诉玛莎，他已经找到了他们理想的新居，位于柏林街19号，当晚还带着玛莎去看了房子。

玛莎看到这所房子后，非常震惊，因为房子的附近住的都是贫民，楼梯也是石砌的，又暗又陡，房间也不够多。

但玛莎没有抗议，她知道，丈夫不仅已经签了约，而且整个心思都放在这个房子上了。其实弗洛伊德会选择这里的理由很有趣：这里是弗洛伊德的同学维克多·阿德勒以前的住所，他们曾经彼此争吵，后来阿德勒成为社会民主党的领袖，而阿德勒的姐夫布朗又是弗洛伊德的朋友，大学时期也曾经一起住过这里。

很快，弗洛伊德一家就搬到了新居。开始时他们只住一幢公寓，一年多后，这里又空出来3间房子，弗洛伊德就租下它们，作为他的心理诊室。

在小女儿安娜出生后不久，玛莎的妹妹米娜也搬来和他们一起住。本来米娜打算只住几个月的，但结果一住就是40年。弗洛伊德的侄女朱迪斯后来写道：

"虽然她从来没有负担起指挥6个小孩子的大家庭的责任，但她与玛莎伯母一直维持着家庭的和谐气氛，一起发号施令，使家里显得井井有条。家里的采购也都由她们两姐妹合办，她们总会先仔细地商量，尽量节省家庭的开支。"

在这幢大楼中，弗洛伊德的妹妹罗莎也来住过一段时间。1908年她搬走后，弗洛伊德又把她租住的公寓租了下来。

这里距离大学和总医院很近，弗洛伊德从1891年到1938年一直住在这里。从这里开始，他提倡了一个运动，并且领导着它，从而让他成为20世纪初最为引人争论的人物。

（二）

到1893年时，弗洛伊德手头的病例已经积攒到15个了。经过反复检验，他发现这些病例都确凿无误。于是，他根据几年前达成的共识，商请布洛伊尔与他一起完成他们共同的研究著作。

此时，布洛伊尔与弗洛伊德在有关癔病的研究上已经出现分歧，但由于合作是两个人早就确定的，所以布洛伊尔仍然忠实地履行了自己

当初的诺言，向弗洛伊德提供了有关病例，并撰写了自己承担的理论部分内容。

弗洛伊德与布洛伊尔合作的这部著作名叫《癔病的研究》，于当年完成。这部著作共分为4个部分：

第一部分是弗洛伊德与布洛伊尔共同撰写的、带有序言性质的简短论文——《癔病症状的心理机制》。

第二部分是5个病例，这5个病例按照癔病疗法的发展阶段由低而高依次排列，其中包括布洛伊尔的著名病例安娜·奥。

第三部分是理论部分，由布洛伊尔撰写。

第四部分是介绍心理治疗的部分，由弗洛伊德完成。

其中，《癔病的研究》第一部分中的《癔病症状的心理机制》于1893年发表在当时的《精神病理学》杂志上，全书则在1895年出版，从而奠定了精神分析的理论基础，可称得上是精神分析学的开山之作。

弗洛伊德曾说，《癔病的研究》并不是确定这种病的性质和对象，而是探索和揭示这种病状的最深源头。所以，它特别强调了情感生活的意义，以及分辨下意识、意识等精神活动的重要性。它假设症状产生于情感的压抑，由此提出了一个动力因素的概念；还将症状视为大量能量转化的产物，这一能量若不产生这样的症状，也必然会用到其他方面去，从而产生相应的症状。这就是它所谓的转换机制。

这部著作还有一个重要的特点，就是涉及性与癔病的关系。弗洛伊德在整理积累的病例以完成此书期间惊奇地发现：每个病例都有一个共同的患病因素——性欲，即癔病的发生通常与性欲遭到压抑有关。

此刻，弗洛伊德真正理解了布洛伊尔、布吕克以及维也纳当时著名的妇产科医生克罗巴克当初对他说过，但并未引起他足够注意的话：

癔病都与性有关。这几位名医都已经看到了这一联系，但却不约而同地不敢正视这一事实，都在这一发现面前悄然退却。

在《癔病的研究》的最后一章弗洛伊德所写的部分，他提出了性欲是癔病起因之一的看法。对这一观点，布洛伊尔当时是基本持赞同态度的，他在前面自己所写的部分中也曾提出过类似的看法。

不过，书中的性因素基本上是作为多种致病因素之一来加以论述的，并没有给它额外的关注；相反，为了避嫌，行文中还刻意冲淡了性的色彩。但在当时的社会氛围中，仅此一点就足以引起一阵轩然大波，令著作者颇有惶惶之感了。

多年以后，精神分析说蔚然大观，人们都承认《癔病的研究》这部著作中对这一观点具有开创先河的作用，但在出版之时，它的销售情况却实在令著作者感到惨不忍睹。

该著作初印800册，历时13年都尚未售完，仅卖出了600多册。如果只是因为销路不畅，无人问津，读者对它漠不关心也就罢了，但令人惊奇的是：买者不多，批评者却不少。从出版时起，它就在德国遭到了严厉的批评和抵制。

弗洛伊德早就尝过了被学界拒之门外的滋味，也早就领略到被"密集大多数"所排斥的感觉，所以此刻对这些批评都是抱定了笑骂由之的态度。但他的合作者布洛伊尔却远不似弗洛伊德这样洒脱，他感受到了巨大的心理压力，这也最终导致两位合作者分道扬镳。

（三）

布洛伊尔与弗洛伊德分手的理由很简单，他们的性格和他们各自在医学界的权威地位不同：布洛伊尔当时已经是一个颇有声望的执业医生了，他认为，如果他继续追求弗洛伊德的理论，可能会令他的病人不再相信他。而致力于癔病研究的弗洛伊德却深信，他终于走上了即将使他成名的道路，因此对各种指责根本不在乎。事实上，他已经"触摸到大自然的一个最大奥秘"了。

在当时，布洛伊尔与弗洛伊德对于他们要宣布的新方法都采取了审慎的态度。他们一直主张而且要清晰地说明的是：一些患者身上的症状、所回忆的事情以及他们对事情的反应等，都被意识中一种不知道的动机所支配。

这种说法其实就是精神分析学说的基础，长久以来都被毫无疑问地接受。虽然"性"因素的重要性已经被提出，但在《癔病的研究》一书中，弗洛伊德所叙述病人的典型性质的普遍化却经常遭到攻击。但不管怎么说，许多改变世界的理论起初都是不受人重视，也很少有人会主动支持的。

布洛伊尔与弗洛伊德决裂后，弗洛伊德以前的其他朋友和同事也因怕受牵连和玷污声誉不再与他来往了，那些上流社会的小姐太太们听到弗洛伊德的病例学说和治疗方法后，也都不再到他的诊所来了。

弗洛伊德的诊所再次冷清下来，一家老小的日常生计日绌。但是，弗洛伊德依然保持着镇定、从容的态度，丝毫没有放松他的研究。他说：

"事实上，我整天都在想神经病原，但由于我和布洛伊尔在科学上的联系已经结束，我只好自己一个人支撑了，这就是为什么我的进展一直那么缓慢的原因。"

除了上述问题外，还有一个原因导致布洛伊尔与弗洛伊德之间出现了更深的隔阂，那就是两人在探究神经病原的成因上出现了分歧。

在神经病原的成因上，两人必须解决的问题是：在心智演进的过程中什么时候开始出现了病态的现象？对此，布洛伊尔的解释是生理学上的；而弗洛伊德则是从心理学上解释了这一问题，他认为不是分子和运动造成的，而是意向和目的所导致。尽管布洛伊尔在安娜的病例之后又接手了许多别的病例，但他仍然不愿意完全放弃从一开始就坚持的生理学因果律的看法。

也就是说，年龄较大的布洛伊尔不愿意马上抛弃自己所接受了的观念，而年轻的弗洛伊德却急于宣扬自己的这种新观念。这种原本很平常的情况，却导致二人的关系很难处理。布洛伊尔曾经帮了弗洛伊德很多忙，甚至常常借钱给他。弗洛伊德虽然很想快点把钱还给布洛伊尔，却因为经济情况不佳而做不到，这让弗洛伊德感到很难受。

与布洛伊尔关系决裂后，弗洛伊德进入到另一个时期，他后来称之为"精彩的孤绝期"。他在1896年时叙述道：

"我达到了寂寞的巅峰，我失去了所有的老朋友，却没有交上任何的新朋友。没有人注意我，而唯一促使我继续前进的，是一点儿向传统挑战的决心，以及写《梦的解析》的心愿。"

总之，不管怎么说，弗洛伊德与布洛伊尔共同研究神经病症的成果，尽管在当时的医学界中遭到了普遍的反对，但它却开创了精神分析学的新纪元。它是弗洛伊德精神分析学在人类历史上闪耀出来的第一道曙光。弗洛伊德经历了几十年的艰苦医学研究和临床实践，克服了社会上种族歧视的压力和生活上经济困难的打击，终于在他近40岁时初步创立了精神分析学的雏形。

弗洛伊德对母亲很孝顺。在他的著作中，他经常提到母亲，并说，他的自信及对事业的乐观态度，在很大程度上都来自于母亲的影响。弗洛伊德曾说："母亲在同儿子的关系中总是给予无限的满足；这是最完全、最彻底地摆脱了人类的既爱又恨的矛盾心理的一种关系。"弗洛伊德始终热爱、尊敬母亲。弗洛伊德的朋友琼斯说，对母亲的热爱使弗洛伊德在一生中从未指责过女性背弃他或欺骗他。

第七章 《梦的解析》出版

人生有两大悲剧：一个是没有得到你心爱的东西；另一个是得到了你心爱的东西。人生有两大快乐：一个是没有得到你心爱的东西，于是可以寻求和创造；另一个是得到了你心爱的东西，于是可以去品味和体验。

——弗洛伊德

（一）

1895年的夏天，弗洛伊德和家人到维也纳郊外的一所别墅度假。这里以前曾是供人举行舞会和音乐会的地方，现在已经改成一所舒适的家庭旅社了。

7月23日的晚上，弗洛伊德在这里做了一个梦，后来成为著名的"依玛的注射之梦"。

关于这个梦，弗洛伊德在他后来出版的《梦的解析》中也叙说了：

1895年的夏天，我在为病人依玛做治疗。她是一个年轻的姑娘，也是我们家的朋友。她的癔病焦虑症已经好多了，但她还有其他身体上的疾病。我建议她做点事情，但她拒绝了。于是治疗中断，恰好我们全家也出去度假了。

7月23日，有一个同事奥多在旅社里见到我。奥多与依玛以及依玛的父母同住在乡下。他告诉我，依玛"比较好了，但还没有全好"。我觉察到，他的脸上有一种不满的神色，那表情好像在说是我没有努力为依玛尽力治疗。

那天晚上，我就把依玛的病例写了出来，并把它交给M医生的两位普通朋友（那时是我们圈子里的领导人物），为的是能够澄清我的立场。

当天晚上，我就做了有关依玛的梦。第二天醒来，我把梦记录下来：

在一个大厅中，我们在为玛莎庆祝生日，依玛也来了。我立刻把她拉到一旁，责备她不曾按照我建议的方法进行治疗。我说：

"如果你仍然感到身体疼痛，那只能是你自己的错。"

依玛回答说：

"如果你知道我现在喉咙、胃部和小腹都疼痛的话，你就不会这么说了。"

我很惊讶地看着她，她的脸色苍白而肿胀。我想：我一定是没有注意到她的某个器官问题。

然后，我把她拉到窗前，向下望她的喉咙，她作出反抗的样子，好像是戴了假牙。我自忖：她实在是没必要这样做。

后来，她还是乖乖地张开嘴巴，我在右侧发现一大块白色的东西，在另一个地方我看到许多灰白色的疤痕。

我立刻请M医生来证实我的看法。我的同事奥多就站在她的旁

边，而另一个同事正隔着衣服为她听诊，并说：

"她的左下方有一个没有反应的地方。"

随后，他又指着依玛左肩一部分皮肤，那里已经被细菌渗透了。M医生说：

"那是发炎了，但没关系，痢疾将会接踵而来，毒素就会清除。"

……

我们立刻知道了发炎的原因。原来在不久前，奥多为她注射了一大堆的丙烷基、丙酸、三甲胺等等。他不应该这么胡乱地给依玛注射这些东西，而且注射筒可能都没有消毒……

弗洛伊德通过分析这个梦境，发掘出了隐藏在他的精神世界内部的一些情况，也就是弗洛伊德所以做这个梦的动机。弗洛伊德说：

"这个梦让我达成了几个愿望，这些都是由前一个晚上奥多对我说的话，以及我想记录下整个临床病历所引发的。整个梦的结果，是想表达依玛现在之所以仍在受罪并非我的错，而是奥多的。因为奥多告诉我，依玛并未痊愈，这句话惹恼了我，我就用这个梦来嫁祸给他。这个梦得以利用其他一些原因来使我解除了自己对依玛的歉疚，呈现出了一些我心里所希望存在的状况。所以，我可以说：'梦的内容在于愿望的达成，其动机在于某种愿望。'"

弗洛伊德很重视这场梦所表现出来的内容、形式，以及与主观的内在愿望之间的关系。他认为，这场梦所呈现的上述关系具有普遍的意义。因此，在1900年7月12日写给弗里斯的信中，弗洛伊德将这个梦及其解析看成是他"揭穿梦的秘密"的"开端"。

（二）

  为了寻找问题的真谛，探索人类心理深层的奥秘，弗洛伊德如同当年在自己身上试验可卡因的麻醉作用一样，开始进行自我分析。

  1896年秋，弗洛伊德的父亲雅各布去世，这给弗洛伊德造成了很大的打击。从那以后，他常常感到，在他正式的意识之后，有一条昏暗的路：那对父亲的尊敬和热爱，那全部的早年感受，父亲那糅合了深远的智慧和轻松愉快的想象的独特性格，在弗洛伊德的脑海中重演出一幕幕的生活景象，留下了无穷的回味。

  可以说，弗洛伊德的自我分析就是从父亲去世后正式开始的。从分析中，他发现了许多具有感情色彩的东西，进而他又将这些感情的痕迹追溯到童年时代。他发现，许多儿时的经历都表现出日常生活中的各种无意识的动作、习惯性行为以及情感。因此，他觉得，对童年生活进行分析，对于寻找无意识的形式及其内容具有非常重要的意义。

  在进行自我分析过程中，弗洛伊德也将自己当成病人，又请唯一的好友、在柏林的五官科医生威廉·弗里斯对他进行"治疗"。弗里斯是布洛伊尔介绍给弗洛伊德认识的，二人见解独特，思想敏锐，志趣相投，很快就成为莫逆之交。

  在自我分析刚一开始时，弗洛伊德就经常给弗里斯写信，非常坦率地告诉他很久以来埋藏在自己思想深处的幼年琐事。弗里斯回信对弗洛伊德回忆起来的事情进行了分析，并向他提出一些问题，与弗洛伊德共同分析，深究根源。

  在怀念父亲的时候，弗洛伊德将内心的感情带回到过去的许多生活经历当中，脑海中不断浮现出一幕幕以往生活的场景。从这些场景和画面中，他发现有一个共同的特点，就是这些往事中都表现出来的感

情和性格方面的一些东西，这些经历与日常生活中的各种无意识动作感情和习惯性行为极其相似，这也更加驱使他去回忆分析童年时期的那些往事。

为了再现自己完整的童年经历，他还借助母亲的帮助，让母亲为他提供一些自己孩童时期的材料。通过这样多角度的追踪，他逐渐找到了自己童年时期生活经历的轨迹、情感发展的线索、性格变迁的痕迹等。

然后，弗洛伊德又将母亲为他提供的材料同自己所能回忆到的印象连贯起来，将自己在童年时期的心理表现同成年后的许多心理现象进行比较，这些成果为他进一步的自我分析工作提供了丰富的和有价值的启示。

弗洛伊德的自我分析工作所取得的第一个重要成果就是发现儿童的"性本能"，以及演变对于人类一生心理发展的决定性影响。当他在自我分析中发现自己从小就有亲近母亲的特殊感情时，当他发现自己对母亲的感情具有排他性、独占性——甚至由此对父亲产生妒忌时，他得出了一个极其重要的结论，即：人从小就有一种"性欲"。而且，这种"性欲"构成了人的最基本的"原欲"，它是人的一切精神力和生命力的原动力之一。弗洛伊德称之为"性动力"或"性原欲"。

由此，弗洛伊德进一步创立了"奥底浦斯情结"的理论，这一理论成为弗洛伊德精神分析学的基本理论之一。而这个理论也与他的潜意识理论一样，是在自我分析和他的临床实践的基础上建立和发展起来的。

（三）

"奥底浦斯情结"理论是弗洛伊德精神分析学的基本理论之一，它是由双亲一方的爱和对另一方的恨两个因素组成的。在婴儿时代和童年早期的环境中，男孩渴望母亲，女孩渴望父亲，这是普遍存在的现象。

然而，从原始社会到文明社会都有反对乱伦的严厉禁忌，每个人都知道这个禁忌。因此，这些渴望变成了幻想，只在暗中被感觉到，并永远埋藏在无意识的深处。在人的一生当中，这些幻想和渴望受到压抑。

弗洛伊德认为，这是人的童年时代心理的基本内容，也是人类一切复杂的精神活动现象的根源。由于谋杀、乱伦是历史上出现最早的罪行，是应该受到严厉惩罚的。"奥底浦斯情结"也像其他精神分析学理论的元素一样，暗示着一般人有极为原始的、自然的欲望存在于身上。对大多数人来说，这种存在的现象对他们的道德都是一种耻辱，因此，人们对此往往具有一种负罪感。

父亲雅各布去世后，弗洛伊德从自我分析中忽然明白了自己对父亲的罪过，这是他对父亲的负疚感而很长一段时间遭受到精神折磨的根本原因。

"奥底浦斯情结"理论的建立，是弗洛伊德进行自我分析的成果。但这一情结的发现，却让弗洛伊德在19世纪的最后几年中陷入孤立境地。

从整个精神分析学的发展来看，他的理论既奠定了精神分析学的理论基础，确定了它在今后的发展方向，同时又在精神分析学派别上勾画出了独具特色、引人注目的具有象征意义的标记，引起了大众的误解和攻击。

需要特别指出的是，在进行自我分析中，许多材料取自其他的病人、朋友，但大部分材料都来自于他本人。这样一来，就要把许多涉及私人精神生活的秘密公布于众，这是弗洛伊德最初没有预料到的，也超出了科学家发表自己论说的限度。

但是，在个人利害与追求真理之间发生冲突时，弗洛伊德毅然决定个人利害应服从科学真理。因此，他越来越注意将精力集中在那个隐藏在人的精神生活背后的无意识上，由此又发现：做梦的现象与无意识活动也有着密切的关系。

于是，弗洛伊德开始在自我分析和临床实践中加强对梦与无意识关系的研究。他首先对自己童年时代的梦进行了分析，并从梦中寻找神经病症患者的病原。在《癔症的研究》一书中，弗洛伊德认为，神经病症的病原可能是无意识的基本成分。要想发现无意识活动的规律，就必须在这二者结合上寻找线索。

弗洛伊德认为，梦是通往无意识的一条基本途径，因为梦的内容通常可以反映出已经被遗忘的童年生活经历和鲜为人知的各种不易实现的愿望。也就是说，梦是无意识心理现象的自我表现。因此，对梦的解释就成为治疗一些精神疾病和研究无意识活动规律的非常重要的方面。

其实从1887年起，弗洛伊德就已经开始收集、研究大量的梦例，决定写一本关于解梦的书了。但一直酝酿到1895年，弗洛伊德才感觉时机差不多已经成熟。

1897年，在酝酿了近10年后，弗洛伊德正式动笔写作《梦的解析》一书。1899年9月，弗洛伊德完成了《梦的解析》的最后一章，结束了全书的写作。

《梦的解析》整整写了两年。开始时，弗洛伊德将解析梦看成是他进一步探索癔病机制和自我分析的一项研究，原本没打算将其成果公之于世。但一经成书后，他又产生了发表的念头。虽然他对其中涉及的隐私比较顾虑，对"密集大多数"、对权威一向没有信心，但这一想法很快就被打消了。

原因有两个：第一，弗洛伊德始终坚持个人利益应服从于科学真理的需要，因此他决心不向那些所谓的"密集大多数"、权威屈服；第二，此时也正是弗洛伊德经济再次陷入窘境的时期，任何需求，包括知识分子爱护面子的至上需求都要先让位于填饱肚皮、维持生计的需求。

所以，几经犹豫之后，弗洛伊德还是将书稿于完稿的当年交给了出版社，书在年内便付梓出版。1899年10月底，弗洛伊德就拿到了样书；11月14日，《梦的解析》一书已经出现在市面上了。不过，出版商在出版时间上玩了一个小花样，在书上将出版时间注明为1900年。

（四）

《梦的解析》全书共分7章，除了第一章是对梦研究的历史考察外，其他6章分别对梦的解析方法、梦的愿望达成、梦的改装、梦的材料与来源、梦的运作、梦程序的心理等进行了全面的阐述。它既是有关梦境问题的一部系统的科学文献，也是精神分析学的重要著作之一。

瑞士著名的精神病理学家卡尔·荣格说：

"弗洛伊德的《梦的解析》是一部划时代的著作，而且很可能是迄今为止在经验主义基础上掌握无意识心灵之谜的最勇敢的尝试。"

然而，辛苦写出来的书却并没有达到预期的效果。《梦的解析》初印600册，开始时出版社很乐观，向弗洛伊德承诺，书一定很快就脱销，到1900年元旦就可以再版了。可结果却令出版社大失所望，到年底只卖掉了100多本，一直到8年后这600册书才全部卖完。这种厄运在科学史上是很少见的。

弗洛伊德原本以为这本书出版后会产生较大的反响，但事实也让他很失望。由于销路不佳，很多人不知道这本书。而在极少数知道这本书的人中，对此又是褒贬不一。

《梦的解析》出版6个星期后，一位名叫伯克哈特的人在《维也纳时报》上发表文章，恶意地污蔑该书"毫无价值"；还有一个名叫雷曼的神经科助理医生，在根本没有读过《梦的解析》的情况下，写了一本书攻击弗洛伊德的理论，并对别人说，弗洛伊德写的这本书就是为了博取读者的眼球、为了赚钱。

但到了1900年，《柏林时报》《白天报》等报纸却发表文章，热情地称赞了弗洛伊德这本书所取得的成就。

弗洛伊德本来是为专家、内行而写的这本书，遗憾他们对此毫无兴趣。于是，弗洛伊德又改弦更张，转而诉诸普通读者，从头到尾将书重新改写了一遍，使之读起来通俗易懂，并于1901年再次面世，希望可以引起普通读者的注意。

然而，新书的命运也没有好到哪里，相当一段时间仍然是默默无闻。

是金子总是要发光的。10年以后，该书才逐渐为人们所认识，在弗洛伊德有生之年也多次再版，一共发行了8版，最后一版于1929年问世。

从1913年至1938年，《梦的解析》先后被译成英文、俄文、西班牙文、法文、瑞典文、日文、匈牙利文以及捷克文等，在全世界发行，从而产生了广泛的影响。

与世人长期的漠然相向形成对比，弗洛伊德独独对此书信心十足，始终抱着很高的期望，这不仅因为此书是他几年呕心沥血的辛勤结晶，更因为它也是弗洛伊德灵感处于巅峰时的闪烁。

该书之所以产生了如此重要的影响，还在于它的客观价值：一方面，它首次通过自我观察和分析了解了他人梦境的方式，从心理学的角度深入地研究了梦境的机制，并借助这一研究进而对精神分析学说的理

论基础之一——无意识领域，进行了令人信服的探讨，成为精神分析理论的经典之作。

另一方面，它在精神分析学说中扮演了承前启后的作用，是精神分析学说从精神病理学经变态心理学到常态心理学发展中不可或缺的一环。弗洛伊德对于《梦的解析》所居于的转折位置也曾作过明确的阐述：

> 梦的解释……的重要意义，不仅在于它对于分析工作的支持，还在于其另一个特点。以往精神分析的关注点都是消除病理学现象，为了解释这些现象，往往还要借助各种假说。这些假说面面俱到的特征与我们研究的实际情况重点不相吻合。一旦精神分析深入到梦的研究，它所涉及的已经不再是病理学病状，而是所有健康人都会产生的正常的心理现象。如果能证明梦的机制与病理学的种种症状相类似，对梦的解释也需要冲动、压抑、替代、妥协、区分意识和无意识心理系统等假说，则精神分析学说便不再是精神病理学的附属学科，而是已经成为研究人的正常心理活动的新的深层心理学起点，其假说及研究成果便可以应用于对其他心理现象的探索。

正是因为有了上述这种看法，弗洛伊德才一直认为《梦的解析》是自己最为重要的一本著作。

第八章 结识卡尔·荣格

> 我们整个心理活动似乎都是在下决心去求取欢乐，避免痛苦，而且自动地受唯乐原则的调节。
>
> ——弗洛伊德

（一）

多年来，弗洛伊德的生活都是千篇一律。每年，他总要花9个月的时间在维也纳，毫不懈怠地进行工作；另外的3个月则用来休息，通常是到风光秀丽的阿尔卑斯山去度假。

在度假过程中，弗洛伊德的消遣都单纯而不奢侈，也不怎么挑剔。每个星期六的晚上，他会与几位朋友一起到附近的酒店玩儿盘维也纳的牌戏。到了周日，他会和孩子们一起到郊外的树林中散步。每隔两周，他会到犹太人的社团中消磨一个晚上，那里是弗洛伊德忘却外面冷酷世界的避风港。

每年的假期基本都是固定的，很少改变。玛莎和孩子们会先离开维也纳，到他们预先租好的位于阿尔卑斯山风景秀丽的别墅中，随后弗洛伊德才赶到。

每一次弗洛伊德的到达都会是假期的最高潮。他的大儿子马丁说：

"爸爸一到，我们大家就开始四处旅游，登山踏青，采各种各样的野花。"

弗洛伊德一直都很向往罗马。1898年秋天，他向弗里斯透露，他长久渴望的罗马之行已经愈来愈近地接近实现的时日了。

1899年8月底，弗洛伊德在桑西与家人分手后，与弟弟亚历山大结伴，于9月2日到达罗马，在那里观光游览，停留了12天。

此后，弗洛伊德又前后去过罗马6次，游览了威尼斯和那不勒斯，登上了维苏威火山，凭吊了庞贝遗址。这种度假生活让弗洛伊德的身心得到了很好的放松。

从罗马回来后，1900年，弗洛伊德开始集中精力研究人类的常态心理。从这时起，他开始研究日常生活中的各种心理现象，发现在人的日常生活中也如同在梦中一样，经常发生一些潜意识的干扰性活动。这就有力地证明了潜意识的原始心理活动是做梦心理和精神病发作的基础，也是常态心理的基础。

换句话来说，通过对日常生活的心理现象的分析，弗洛伊德进一步证明了潜意识是包括常态心理和变态心理在内的一切人类心理活动的基础。通过这一时期的研究，弗洛伊德总结写成了《日常生活中的心理病理学》一书。

直到1904年，该书才被整理完毕后出版。在这本书中，弗洛伊德将无意识学说应用于考察人的日常心理生活当中，集中对遗忘、语误、读误及笔误、误放、误取和失落物品，以及其他种种过失行为进行了具体的分析，探讨了产生这些现象的心理根源，从中发掘出无意识的存在。

弗洛伊德在书中不仅引用了一般人的日常心理活动材料，还依据自己

的实际经验进行了研究，然后经由自我分析的方法，进行透彻的研究。

以前，人们都将把精神分析学理论神秘化，以为它深不可测。而恰恰就在《日常生活中的心理病理学》中，弗洛伊德密切地联系实际，深入浅出地叙述，让这本书通俗易懂，使人读起来津津有味。任何一个人在阅读这本书的时候，自始至终都会感到其中所举的例子都是自己经历过的。因此，这本书的材料也更具客观性，更能引起读者的共鸣。

弗洛伊德在为一般读者所写的介绍性文章里，有时会将这本书中重点分析的错失行为看得比梦的解析还重要。在他看来，梦境的追索虽然人人都可以作，但往往牵涉许多复杂的心理机制和程序，也带有更多的虚幻性，有时难免陷于晦涩。

通过对日常过失的分析，弗洛伊德进一步揭示了无意识的存在，为无意识学说开辟了一条新的途径，增添了新的经验材料。它表明：无意识不仅表现在神经症状和梦境当中，而且还浸透于人们的常态心理活动中。因此，对过失及其心理规律的研究无疑为无意识学说的认识和应用开辟了一个更为广阔的领域。

（二）

一直以来，弗洛伊德都希望《梦的解析》一书出版后能给他带来一定的名声。但直到1901年，该书仍然乏人问津，这让弗洛伊德的想法发生了一定的改变。

那时，弗洛伊德已经45岁了，他预感到自己的观念终必传世。因此，在从罗马回到维也纳后，他认为提升自己职业地位的时机已经到了。他喜欢罗马，希望可以再去那里；他需要照顾家庭，让一大家子人的生活能够有所保障。所以，弗洛伊德开始迫切地希望能够获得一个较好的地位，以便能够让自己的生活有较好的经济来源。

当时，教授这个职位可以为弗洛伊德带来学术地位和社会地位，以及许多其他的好处，可弗洛伊德的前途并不被看好。有人认为，是他的犹太身份给他带来了一定的障碍。

因为到1901年，弗洛伊德在维也纳大学已经担任了十六七年的讲师，学校也打算委任他为副教授，他的名字也被呈送到教育部。但教育部却没有批准大学的推荐。学校当局甚至连续3次推荐弗洛伊德，都没有通过。

从当时的社会环境看来，虽然一个犹太人可能会获得批准，一个视"性"为大多数事情之源的人也可能会获得批准，但两种情形加在一起，就让当局者感到大伤脑筋了。

弗洛伊德为此还拜访了他以前的老师西格蒙·艾斯纳，希望能够获得老师的帮助，但老师表示自己的影响力不够，是"高层人物"对他有偏见，所以劝弗洛伊德应该想办法"走走后门"。

弗洛伊德听从了老师的建议，开始四处活动，最终在他的一位患者玛利亚·冯·佛斯特女士的帮助下，他的申请获得了教育部部长的同意。

1902年，弗洛伊德获得了维也纳大学副教授的资格，他的地位提高了，诊疗费用也相应地提高了，经济状况再一次有所改善。这些还不算是最重要的，最重要的是：这一职位的提高让弗洛伊德对精神分析学以后的发展充满了信心。

不过，就他的教书生涯来说，一切并没有发生多大的改变。弗洛伊德在担任讲师时，学校就让他随意选取教学内容，而这些讲课的模式现在同样接续下来。在讲课时，弗洛伊德有让人信服的表情和驭繁于简的技巧，因此，许多人也会慕名来听他的课。这些人原以为会听到一些艰深晦涩的理论，但事实并非如此，大家都被弗洛伊德流畅的口才所折服，对他大为赞叹。

每个星期六的晚上，弗洛伊德还会到维也纳总医院的精神病理诊所去，在那里做两个小时的实验示范。虽然来听课的主要听众都是在大学里上课的学生，但也有一些出人意料的听课者，其中有些在他还没当讲师时就已经是座上客了。

在这些听课者中，有一位名叫埃玛·古德曼的美国人。在19世纪90年代后期，她游学欧洲，听了许多次弗洛伊德的演讲。几年后，她写道：

"他的简明、热忱以及睿智加在一起，使我觉得自己走出了阴暗的世界，见到了亮丽的阳光。……他帮助我了解了我自己和我自己的需要。我认为，只有心术不正的人才会毁谤弗洛伊德这个伟大而善良的人。"

（三）

虽然大多数人仍然不太重视弗洛伊德的见解，但形势正在发生变化，一方面由于他自己下定决心，要让大众接受他的学说；另一方面，是因为他在最具有影响力的听众中宣传他的理论。

有一次，弗洛伊德向弗里斯透露说：

"其实我并不是一个科学家、一个观察家，也不是一个实验家或一个思想家。我的本性，不过是一个冒险家，具有好奇心、勇敢和不屈不挠的特质。"

的确如此，一旦弗洛伊德这位"冒险家"获得了副教授头衔，享受到他被赋予的新地位后，他就开始崭露头角了。

当时，一位名叫威廉·斯特克尔的维也纳全科医生在读了弗洛伊德的《梦的解析》一书后，遂成为弗洛伊德最忠诚的追随者之一。他使用精神分析的技术，在维也纳的报纸杂志上为弗洛伊德做宣传，后来

甚至宣称：

"我是弗洛伊德的门徒，他是我的基督！"

1902年，斯特克尔建议弗洛伊德召开一次小型的讨论会。弗洛伊德接受了他的建议，并邀请另外两名曾听过他讲学的医生马克斯·科恩和鲁道夫·雷特勒，以及一位最近主攻精神错乱症的眼科医生阿尔弗雷德·阿德勒，组成了一个"星期三学会"。

此后，每逢星期三的下午，科恩、雷特勒和阿德勒都会来到弗洛伊德的诊所，与弗洛伊德一起围坐在一张椭圆形桌子旁，对精神分析学进行热烈的讨论。他们商定，每周的星期三都由每个人进行一项精神分析课题，并写成论文在会上宣读，然后大家进行讨论。

"星期三学会"从1902年秋建立以来，直到1906年的4年间从未中断过，而且没有一个人退出。这在期间，弗洛伊德每天都会收到来自俄国、意大利、西班牙、印度、澳大利亚及南美等国的信件，请求给予指导或索取资料。这说明，弗洛伊德的精神分析学已经逐渐摆脱偏见、深入人心了。

随着"星期三学会"的影响不断扩大，一些听说过学会讨论或读过弗洛伊德著作的人陆续加入到弗洛伊德的圈子中来。麦斯·格拉菲博士、图书出版和发行商雨果·赫勒、诺特南格尔教授推荐来的人鲍尔·费德恩博士、在维也纳挂牌行医的阿尔弗雷德·迈斯尔博士及爱德华·席茨曼博士等，都成为弗洛伊德门下的常客。此外，还有医学专家阿道夫·多伊斯博士、私立学校教师菲利普·费雷和伊奇多尔·萨基博士等。

这些人的到来，让弗洛伊德备受鼓舞。他以无限的真诚和热情接待他们，十分感激他们能来参加他的研讨会。一些开业医生也纷纷成为这个圈子的成员，轮流准备一些精神分析学的课题，写成论文宣读后供大家讨论。

这让弗洛伊德觉得，他很长时间孤独冷漠的生活似乎已经到了尽头，加之他又获得了在中欧地区令人十分敬畏的荣誉称号，让他的业务量与日俱增。在追求科学的道路上，一批志同道合的人，伴随着他将精神分析学推向前进。

（四）

在这些人当中，卡尔·荣格的到来让弗洛伊德格外兴奋。荣格是当时名扬国际的苏黎世布尔格勒兹利精神病医院的台柱医生，虽然刚刚30岁出头，却已经是享有盛名的学者了。

荣格在读了弗洛伊德的《梦的解析》后，大为倾倒，从此与弗洛伊德频繁通信，交流观点和思想。荣格还称自己是弗洛伊德的信徒。因此，荣格的到来自然令弗洛伊德异常兴奋和激动。这标志着孤军作战十几年的弗洛伊德有了更为广大的盟友团，精神分析学似乎一下子从孤岛走向了"国际"。

其实在荣格到来之前，他与弗洛伊德已经通信近一年的时间。1907年2月27日，荣格首次拜会了弗洛伊德。

荣格的到来让弗洛伊德激动不已，他紧紧地握住对方的手。当弗洛伊德平静下来之后，他仔细地端详了荣格，发现这是一位身材魁梧、肩膀宽阔的彪形大汉。他的头发很短，一双富有灵气的眼睛在眼镜下发出智慧的光芒，鲜明地标识着他充满活力的坚强个性。

荣格说，他早就希望能见到弗洛伊德了。在苏黎世，他都是在按照弗洛伊德的精神分析学为病人治病的，效果很好。如果没有弗洛伊德的这项研究，他就无法找到自己研究的钥匙；他还说，在弗洛伊德探索无

意识理论之前，人们就像生活在洞穴中一样，什么都不知道；……

荣格说了许多赞美和感激弗洛伊德的话，甚至说弗洛伊德是"不折不扣地遵循了沙克的教导，成为我们精神状态最伟大的观察者"。一番激动人心的赞美之词，令弗洛伊德感到很不好意思。

两个人第一次见面，荣格便滔滔不绝、兴奋不已地向弗洛伊德诉说了3个小时，讲述着他的新观点、他的童年的梦以及用弗洛伊德的精神分析学方法治疗精神病患者的那些病例等。尤其是近几年来他在精神分析学不平凡的道路上工作的经历和取得的成就。这些都是弗洛伊德很感兴趣的。

这次会面给弗洛伊德留下深刻的印象，他本人对此也感到十分满意。此后，弗洛伊德与荣格又通信两三年，这充分表明荣格对弗洛伊德以及他的工作充满了敬仰之情。荣格后来还写信告诉弗洛伊德，他将他们的这次会面视为他一生中最为重要的时刻。

而弗洛伊德也被荣格的人格及个性所吸引，并很快就决定将荣格作为自己理论研究的继承人，甚至在一段时间内称呼荣格为自己的"儿子和传人"。

按照弗洛伊德的说法，在他的那些追随者当中，荣格是真正具有独创性的人。熟读《圣经》的弗洛伊德一直都自比摩西，而荣格就是他亲自选定的继承摩西征服精神病症领域这块迦南地的约书亚。

荣格果然也不负众望。1907年，在苏黎世出现了"弗洛伊德小组"，荣格成为当时的领导人，成员包括在心理分析方面做出贡献的弗洛伊德在苏黎世的许多追随者。

第九章　反对者与支持者

　　笑话给予我们快感，是通过把一个充满能量和紧张度的有意识过程转化为一个轻松的无意识过程。

——弗洛伊德

（一）

　　在20世纪初期的几年，弗洛伊德身边的追随者虽然逐渐增多，但反对者也不乏其人。为了进一步完善精神分析学的理论体系，用真实的例证来检验科学理论的正确性和可靠性，并以此回答精神分析学所受到的非议和攻击，弗洛伊德在《梦的解析》和《日常生活中的心理病理学》出版后，又于1905年发表了已经压了4年的一份病历报告，名为《少女杜拉的分析》。

　　杜拉是弗洛伊德在1900年接收的一个患者。她当时只有18岁，是个很有教养的姑娘。在弗洛伊德为杜拉治疗癔症不久，他就写信给他的好友弗里斯，称他得到了一个值得记载的病例。

　　为此，弗洛伊德用了3个多月时间的全部精力，集中整理和研究这个典型的病例。到1901年底，他写出了好几百页的初稿。随即，他将稿件寄给《精神病和神经学月刊》准备发表。

然而，当编辑接受这份病例报告并准备出版时，弗洛伊德却突然改变主意，索回了稿件，然后锁在抽屉里压了好几年。

那么，为什么弗洛伊德要选在1905年发表这份病例报告呢？

这是因为，《梦的解析》等著作发表后，建立了精神分析学的理论体系，但同时也引来了学术界和社会舆论对弗洛伊德的指责和攻击。对此，弗洛伊德毫不动摇，决心以坚定的毅力与顽强的奋斗精神进一步完善和发展自己的理论。

这时，就理论本身来说，尽管弗洛伊德对常态心理的研究扩大和巩固了无意识的影响，但现在急需对无意识和性的理论进一步加以完善，因为这两个问题是精神分析学的核心问题。

另一方面，许多人在攻击《梦的解析》等著作中的观点时，往往都指责他的理论是未经实践检验的胡言乱语。为了让人们充分认识到精神分析学及其意义，现在就需要他在实践中进一步验证这一理论的正确性和可靠性。

由于这两方面的考虑，弗洛伊德决定公开发表自己亲自治疗、并认真整理和研究过的杜拉病例。

在对杜拉的病症进行分析治疗时，弗洛伊德发现，杜拉各种病状的背后有着严重的心理疾病，其根源是幼年时期未能解决好的"奥底浦斯情结"。这种心理疾病主要表现在以下几重"三角关系"中：杜拉具有恋父心理，常常与母亲作对，这形成了一种"三角关系"；杜拉的父亲有个情人克拉斯太太，杜拉觉得她一心想从自己的手中夺走父亲，这又形成了一种"三角关系"；为了报复克拉斯太太与父亲私通，杜拉拼命地与克拉斯先生亲近，这再次形成一种"三角关系"。

杜拉的癔症就是在这种复杂、矛盾的心理互相干扰下形成并日趋严重的。

在为杜拉治疗过程中，弗洛伊德循着杜拉童年事情的经历和她的一些梦，渐渐拨开了笼罩在她无意识深处的层层迷雾，终于将病根挖了出来，让杜拉感到浑身轻松，并逐渐恢复了健康。

通过杜拉的病例，弗洛伊德进一步证实了他以前的研究结论：所有癔症的前身都是无意识欲望所致，而这些欲望的内容大多与性有关。一切心理症的患者都是有着强烈性异常倾向的人，这种倾向在发展过程中受到压抑而进入无意识。而这些受到压抑的原始性欲通常可以在人的童年时期找到蛛丝马迹。

然而遗憾的是，当弗洛伊德通过对杜拉的治疗及认真整理她的病例报告并发表后，同样受到了各方面的指责。一些人认为，弗洛伊德在一个少女面前谈论性的话题简直就是色狂行为，同行蔑称他的这个病例是一个淫秽的病例。甚至那些曾皈依他的弟子们也不以为然，有的弟子还公然对他表示抗议，这让弗洛伊德的处境再次变得艰难起来。

（二）

让弗洛伊德的处境变得更加糟糕的，是他在这一年还发表了另外一部重要的著作：《性学三论》。

在前面的一些著作中，弗洛伊德已经指出，儿童的梦和焦虑情绪乃是因为性冲动受到压抑所引起的。因此，性是开启心理奥秘大门的钥匙。而杜拉病例的发表，虽然为性学理论提供了一定素材上的准备，但究竟如何入手？需要经过哪些途径和方法深入到无意识中去揭开性

的秘密？这是理论和实践中迫切需要解决的问题。

在20世纪初期的欧洲，性问题还是一个十分讳言忌语的问题。在奥地利，人们更是谈性色变，谁敢公开谈论呢？弗洛伊德的《癔症的研究》《梦的解析》及《日常生活中的心理病理学》等著作虽然已经奠定了精神分析学的理论基础，初步形成了一个理论体系，但其中有关性的内容却越来越受到学术界和社会舆论的斥责和讽刺。

在《少女杜拉的分析》发表后，弗洛伊德花了大量时间研究性心理。这一研究成果就集中在《性学三论》一书中。

《性学三论》是一本仅有86页的书。书中贯穿了弗洛伊德1880年以来的各种观点，是一种严谨的"性发展"理论。其中包括3篇论文，分别讨论的是"性的神经错乱""幼儿性欲"和"青春期的转换"。在这3篇论文中，弗洛伊德不动感情的讨论态度以及论文本身的主题，都令当时的人们感觉受到了冒犯。

因此，《性学三论》刚一发表，污蔑、攻击、谩骂就接踵而来。成年人从书中映照了自己的幼年，看到还有什么性欲，不禁大声惊呼：过去的我和未来的幼儿难道就是这样的形象吗？

于是，众口一词：弗洛伊德的理论毒化了过去，庸俗了现在，损害了未来！就连多年亲密无间的好友弗里斯都站出来指责弗洛伊德；公众更是为此哗然，纷纷出来攻击弗洛伊德和他的学说。

后来，弗洛伊德在回顾这段情景时愤慨地说：

"他们那种不可一世的蛮横态度，强词夺理的恶劣做法，以及粗俗卑劣的污蔑和攻击，实在是太过分了！"

面对这样的困境，多年来受人责骂，陷入孤立无援的景象一幕幕地从弗洛伊德的脑海中闪过。在科学的道路上，有谁会像他这样，经历过这么多的艰难困惑和苦涩岁月呢?

不过,弗洛伊德的这本书在某些地方却受到了欢迎。比如在英国,《英国医学杂志》几乎用了一整页的篇幅来赞扬弗洛伊德,最后的结论还说:

"……当然,如果你对作者的睿智、勇气和追求真理的无止境耐心没有深切的认识,你是不能读这些论文的。读了它们后,就不会再怀疑,为什么我们需要对逐渐揭开的性生活有全部的知识和更加谨慎的引导。"

从1905年年底开始,虽然弗洛伊德备受许多人的指责甚至是谩骂,但他的名声也正在提高。不久,他在英国、美国和瑞士又有了一小群支持者。

(三)

随着精神分析学研究的逐步深入,1905年,弗洛伊德的《玩笑及其与无意识的关系》一书再次引起人们的重视。

在这本书中,弗洛伊德从"快乐的机制和笑话的心理发生""笑话的动机""笑话的社会作用"及"笑话与梦和无意识的关系"等方面,对笑话和妙语的各自成分进行了分类研究。

弗洛伊德认为,笑话是无意识非性欲的一个方面。在大多数情况下,笑话是由某种特别动机的无意识形成的。笑话可以分为"恶意笑话"和"诲淫笑话"两种,前者以攻击和自卫为目的,而后者则往往使受阻的淫欲得到满足。一个举止端庄的人,无法接受不加掩饰的性欲解剖知识;而"诲淫笑话"却可以令一个忍俊不禁的人如同亲眼目

睹了一场性的活动一样。

该书一出版，同样又受到了少部分人的拥护和大部分人的反对。

不过，弗洛伊德就好像一块巨大的磁石一样，深深地吸引着那些精神分析的志士仁人前来参加他的研讨。有的还专门写信给弗洛伊德，请求加入他的研讨会；有的干脆主动登门，自我推荐。

德国一位名叫亚伯拉罕的医生就专程从柏林赶来拜访弗洛伊德，1908年，他还在柏林建立了"柏林精神分析学会"。

此外，还有匈牙利的桑多尔·费伦次、美国的布里尔和英国的欧内斯特·琼斯等，也都纷纷来到维也纳拜见弗洛伊德。后来，这些人都成为推动弗洛伊德精神分析说走向世界的核心人物。

1908年4月，在一次星期三学会上，弗洛伊德提议将这个同仁圈子改成"维也纳精神分析学会"。大家听后，都纷纷表示赞同，并推举弗洛伊德为主席，奥托·兰科担任秘书。阿德勒还提议，大家应出资筹建一个图书馆。

同时，成员们商定，全体学会成员应前去参加于4月26日在萨尔斯堡召开的第一届精神分析代表大会。

1908年4月26日，来自美国、英国、奥地利、匈牙利、德国和瑞士等国家的40多位学者，在萨尔斯堡的布里斯托尔旅社召开了会议。这就是第一次国际精神分析学大会。

在这次会议上，弗洛伊德见到了来自英国伦敦的琼斯和来自美国纽约的布里尔。三个人一见如故，一同到一间小咖啡馆中喝咖啡。

第二天，会议正式开始。这是一次与众不同的会议，会议未设主席、秘书、委员等职位。会上共宣读了包括弗洛伊德的《病例史》、琼斯的《日常生活的合理化》、利克林的《神话问题的解释》、亚伯

拉罕的《癔病与先天性痴呆在心理与性上的抑郁型癔病》、荣格的《论先天性痴呆》、阿德勒的《生活中和精神病中的虐待狂》以及费伦次的《心理分析与教育学》在内的9篇论文。

而与会者最关心的，还是弗洛伊德的发言。弗洛伊德应荣格所请，讨论了一个强迫性心理症病例，后来这个病例以"与老鼠为伍者"而闻名于世。

这天，弗洛伊德坐在一张长形桌子的尽头，其余的人都坐在两边。弗洛伊德从上午8点钟开始发言，一直到11点时，他表示自己已经说得太多了，应该就此打住，将时间留给其他与会者发言。然而与会者们都听得入了神，纷纷要求他继续说下去，结果弗洛伊德的发言一直持续到下午1点。能紧紧抓住听众注意力的长达5小时之久的发言，一定是有值得一听的内容。

在宣读论文后召开的一次小型会议上，作出了一个决定：确定发行一份专供发表精神分析方面研究文章的刊物——《精神分析年鉴》，由荣格担任主编，奥地利和瑞士联合出版发行。这份刊物从1909年正式创刊，一直持续到1914年第一次世界大战爆发才被迫宣告停刊。

在萨尔斯堡会议结束后，琼斯、布里尔和弗洛伊德三人还商定，由布里尔负责将弗洛伊德的精神分析学说译成英文，以便在英美等国广泛传播。

1908年同样是弗洛伊德多产的一年。在这一年，他通过大量的临床病例的研究分析，还写出了《创造性作家与昼梦》《癔症幻想及其与双重性欲的关系》《论儿童性欲说》等论文，在科学杂志上公开发表。

　　弗洛伊德七八岁时，在父母的卧室中尿床。父亲为此叹息道："这孩子真是一点出息也没有！"这是对弗洛伊德精神上的一次打击。弗洛伊德后来说："这肯定是对我的抱负的很大打击，所以关于当时情景的幻影，后来一次又一次地出现在我的梦里。而且在梦中，它们始终都同我的累累成果联系在一起，好像我想说：'你看，我已经作出了成果！'"据弗洛伊德的朋友荣格说，弗洛伊德一直到成年还患有遗尿症。

第十章　克拉克大学的演讲

> 每个人都有一个本能的侵犯能量储存器。在储存器里，侵犯能量的总量是固定的，它总是要通过某种方式表现出来，从而使个人内部的侵犯性驱力减弱。
>
> ——弗洛伊德

（一）

1908年底，弗洛伊德收到了一封来自美国的邀请函，位于马萨诸塞州伍斯特市的克拉克大学要在下一年庆祝建校20周年，该校校长斯坦利·霍尔邀请弗洛伊德在校庆期间到该校讲学，时间定在次年7月的第一个星期，旅行费用由克拉克大学支付。

斯坦利·霍尔是一位声名卓著、受人尊敬的教育家和心理学家，也是实验心理学在美国的奠基人。在课堂上，他经常讲授弗洛伊德的精神分析学。在邀请信中，霍尔写道：

"尽管本人无比荣幸地与您有私交，但我多年来对您的研究更是深感兴趣。我曾经努力地学习过，而且对您的追随者们的研究，我同样颇感兴趣。"

弗洛伊德觉得霍尔说这些话是出于真心的，因为两年前霍尔发表了一本名叫《青春期》的著作，其中曾有5次提到弗洛伊德及《癔病的研究》。在书中霍尔预言，弗洛伊德的研究将会对艺术界和宗教心理学产生重大影响。

因此，霍尔在信中还说，弗洛伊德的讲座，"在某种意义上说，也许会在美国的这类研究上开创新的纪元"。

那时在弗洛伊德的心中，美国一直都是一个神秘的国家。他一直都想了解一下美国，特别是希望有机会能去参观欣赏著名的尼加拉瀑布。

现在，霍尔的这个邀请可谓天赐良机。除了能满足上述愿望之外，更重要的是，精神分析学通过克拉克大学的讲坛可以在美国得以传播，甚至扩及全世界。因此，弗洛伊德激动地向玛莎说：

"这是世界上第一所大学邀请我作关于我的信仰的讲座，这是最令人愉快的事情了！"

第二年，即1909年7月，在弗洛伊德准备赶往美国时，又收到了霍尔的信。信中说，弗洛伊德的差旅费用增加到750美元，校庆活动改在9月初进行了，弗洛伊德可在9月到克拉克大学讲座。而且，克拉克大学还将授予弗洛伊德荣誉博士称号。

当弗洛伊德将这封信向维也纳精神学会成员公布后，大家都非常兴奋，而且一致认为，这是精神分析学在走向官方承认的道路上又迈出了一步。

不久，弗洛伊德得知荣格也收到了克拉克大学的邀请函，便写信与荣格商定届时一同旅行。同时，由于霍尔校长给予弗洛伊德的差旅费够他再邀请一个人作陪，弗洛伊德便邀请费伦次陪他和荣格一同前往美国。费伦次很激动，日夜训练自己的英文会话水平，并阅读了许多介绍美国的书籍和资料。

一转眼就到了8月，弗洛伊德还没有准备讲演稿，他打算在途经大西洋的航程中去写。8月19日，全家人高兴地为弗洛伊德送行，弗洛伊德也显得十分愉快。

弗洛伊德经由慕尼黑到达不莱梅，正好荣格也从苏黎世、费伦次从布达佩斯来到了不莱梅。为了庆祝团聚，三人要了一瓶酒，喝得酩酊大醉。

21日，三人一同从不莱梅出发，乘"乔治·华盛顿"号航船于27日到达美国纽约。

这时，布里尔已经在码头迎接他们了。面对以弗洛伊德为首的三位专家来到美国讲解精神分析学，布里尔不知道有多高兴呢！他热情地拥抱三个人，以表达对弗洛伊德一行的欢迎和感激之情。

第二天，布里尔便带着弗洛伊德几人四处参观。先是参观了中央公园，然后驱车前往唐人街和犹太人的聚居区。傍晚时分，他们又来到位于纽约长岛的一个娱乐区——科尼艾兰游览。

第三天，他们又来到弗洛伊德向往已久的纽约大都会博物馆，这里陈列着弗洛伊德平时的兴致所在——古希腊的文物。下午，布里尔还带领他们参观了哥伦比亚大学。

到了第四天，琼斯也加入到他们的行列，他们一起在哈默斯坦屋顶花园用餐，随后又一同前往电影院看早期影片。

9月4日傍晚，他们一行人离开纽约前往波士顿和伍斯特，准备参加克拉克大学的校庆活动，发表演讲。

（二）

其实早在1908年秋，琼斯就已经与莫顿·普林顿一起在波士顿举办过两三次关于弗洛伊德学说的研讨会了。

时隔一年，1909年5月，也就是弗洛伊德来美访问前不久，琼斯又与哈佛大学神经学教授普特南一起在纽约举办了一次重要的研讨会。在会上，他和普特南都宣读了引发热烈讨论的论文。

由于琼斯事先做好了这些铺垫，所以美国的学术界对弗洛伊德的学说并不陌生，为数众多的听众甚至早就急切地盼望着弗洛伊德的来访了。

在准备演讲稿之前，弗洛伊德就演讲的主题征求了大家的意见。荣格从引发观众的兴趣出发，建议弗洛伊德讲一下梦的解析；而琼斯建议，演讲的题材、范围不妨宽泛一些，不要局限于某一个课题上，应从头开始描述整个精神分析学的内容，这样听众更能理解这一理论的科学根基和发展前景。

最终，弗洛伊德采纳了琼斯的建议，准备就精神分析这个主题作一次全面的演讲报告。

到达克拉克大学后，弗洛伊德被接到霍尔校长家中，并受到了热情的款待。霍尔校长尽管已年近七旬，但仍然精神抖擞；被誉为"爽直、快活、心地善良"的校长夫人也非常好客，热情地迎接弗洛伊德的到来。夫妇俩还为弗洛伊德安排了两位工作人员，专门负责弗洛伊德的日常生活。

弗洛伊德的讲座是在克拉克大学的礼堂中进行的。这天，大厅内400多个位子座无虚席。在听众席上，还坐着几位德高望重的哈佛大学院士，其中包括著名人类学家弗朗斯·博阿斯、著名哲学家威廉·詹姆士和詹姆斯·普特南博士。

弗洛伊德并没有提前写好讲演稿，只是在上讲台前的半小时中进行了构思。首场讲座进行得很成功，博得了热烈的掌声，许多听众都热情地与他握手交谈，表示祝贺。

弗洛伊德也显得十分高兴。他不由得回想起自己的精神分析学曾经在欧洲的遭遇，一段时间内人们将其视为洪水猛兽。起初与他携手共同合作开创这门学科的同行也都纷纷离他而去，一些人对精神分析学和他本人肆意攻击、污蔑，甚至是斥责、辱骂。

而现在在美国，却完全是另外一片天地，他的精神分析学讲座吸引了美国许多重要的、著名的人物。他们对精神分析学的兴趣和认同表明：美国人对此是以诚相待的，弗洛伊德的精神分析学正在美国打开局面。这让弗洛伊德大受鼓舞，对精神分析学今后的发展更是充满了信心。

在克拉克大学，弗洛伊德总共进行了5次讲演。首先，弗洛伊德介绍了精神分析这种治疗方法的缘起。他重点讲述了布洛伊尔教授在开创这一全新治疗方法中的突出贡献，以及布洛伊尔的方法是如何通过他的努力最终发展成为精神分析疗法的。同时，弗洛伊德还对这一全新的疗法的理论基础进行了进一步的分析。

其次，弗洛伊德讲述了解析梦的方法和理论，以及由梦而入无意识领域的新探索。然后，他又从癔症、梦和日常过失行为追究到这一切的根源——性的因素，进而讨论了幼儿性欲问题。

最后，弗洛伊德针对20世纪初美国中产阶级的性观念，专门讨论了如何正确看待性问题，如何看待性与文明的关系，等等。

整个讲演过程，弗洛伊德都是用德语进行的，不加任何注释。他的庄重、沉稳的谈吐给在座的听众留下了深刻的印象。

弗洛伊德的讲座结束后，引起了强烈的反响。据琼斯回忆，著名哲学家詹姆士在听完弗洛伊德的讲座后，高兴地将手臂搭在琼斯的肩膀上，说：

"心理学的未来是属于你们的。"

当然，反对者也不是没有。多伦多大学的一位系主任面对弗洛伊德的讲演说：

"从这里，任何一个普通读者都会概括出弗洛伊德在为纵欲辩护。而撤销了一切限制，那就等于倒退到野蛮的状态中去了。"

可以说，这两种截然相反的评价及其所引发的争论一直到后来，乃至现在都仍然没有停止。

（三）

弗洛伊德的这次演讲内容后来以《精神分析五讲》的名义发表，成为弗洛伊德的重要著作之一。

同时，弗洛伊德的讲座引起强烈反应的另一个表现就是：当地的媒体竭尽全力给予报导和宣传。伍斯特的《电讯报》大量报道了弗洛伊德思想的主要内容；波士顿的《副刊》则客观地报道了弗洛伊德的讲座，还专门指派一名记者到霍尔校长家中对弗洛伊德进行采访。随后，刊登在刊物上的文章比较准确地描述并充分确定了弗洛伊德的精神分析学说及疗法，以至于琼斯在读了这篇文章后说：

"这是一份保守的报纸给予弗洛伊德精神分析学说以我见过的最好的认可。"

在这次讲学中，弗洛伊德又结识了一些学术界的名人，并且受到了他们极其热情的款待。尤其令弗洛伊德难忘的是他与威廉·詹姆士的会见。弗洛伊德后来在他的《自传》中这样描述了当时的情况：

这次美国之行还有一件事情让我久久不能忘怀，那就是我和哲学家威廉·詹姆士的会面，我永远不会忘记我们一起出去散步时发生的一件小事情。那天，我们走着走着，他忽然停了下来，将手中的包递给我，要我继续往前走，他说等他正好发作的心绞痛过去以后，他会马上赶上来的。一年以后，他便因为这种病而与世长辞了。此后，我经常希望在死神到来时，自己能够像他那样无所畏惧。

9月13日，弗洛伊德、荣格和费伦次三人还参观了壮观宏伟的尼加拉大瀑布。大瀑布比弗洛伊德想象中的更加壮观。然而，在游览中发生的一个小插曲却让弗洛伊德倍感失落。当他们一行人步入"风洞"时，导游拍着其他游客的肩膀，喊着：

"诸位请靠靠边，让老人先走！"

这句话让弗洛伊德的感情受到了伤害。弗洛伊德一向敏感于提及年龄，当时，他53岁，难道他已经是个老人了吗？

在美国的最后一天，霍尔校长代表克拉克大学授予弗洛伊德荣誉法学博士学位。弗洛伊德带上博士帽，穿上长袍，来到克拉克大学体育馆。

此时，他心潮澎湃，万分激动。荣格也头戴博士帽，身穿长袍，走在弗洛伊德的旁边。弗洛伊德迈着矫健的步伐，昂首挺胸，仿佛是凯旋的英雄一样，准备接受绶带。

霍尔校长将一块彩色的绶带挂在弗洛伊德的脖子上，然后大声宣布：

"授予维也纳大学西格蒙德·弗洛伊德，业已有所成就的教育学流派创始人，当今性心理、精神疗法分析法的领袖为法学博士。"

对这一荣誉，弗洛伊德激动地说：

"这是对我努力的首次正式认可。这意味着，精神分析学的童年时代已经结束了。"

9月19日傍晚，弗洛伊德一行抵达纽约，并于21日乘上"威廉一世皇帝号"游轮结束了对美国的访问，启程回国。9月29日下午，他们抵

达不莱梅港。

此次弗洛伊德赴美讲学是非常成功的，一方面，它扩大了精神分析学的影响，使得精神分析学牢牢地占领了美国这块阵地；另一方面，它满足了弗洛伊德的自尊心。后来，弗洛伊德也给自己的这次赴美讲学以很高的评价：

> 对这个新世界的短暂访问，使我深深地受到了鼓舞，信心倍增。我在欧洲的时候总觉自己在受人轻视，可到了美国，那里的名人显要都始终与我平等相待。当我登上伍斯特的讲坛作演讲时，我仿佛感到一个难以置信的昼梦实现了——从此以后，精神分析学再也不是什么妄想的产物了，它已经成为现实生活中的一个很有价值的组成部分了。

可以说，1909年是弗洛伊德的命运发生转折的一年，也是他成果辉煌的一年。通过对美国的出访，他的精神分析学得到了广泛传播，并被更多的人所认可。这一年，他的许多著作的英文版本也在美国出版，美国出现了一批宣传精神分析学最得力的人士：在纽约，布里尔进行了大量的工作；在巴尔的摩、波士顿、芝加哥、底特律和华盛顿等地，有琼斯在积极活动；霍尔和普林斯还分别主办了《美国心理学杂志》《变态心理学杂志》等，经常刊登琼斯等人写的有关精神分析学的文章。

与此同时，这一年弗洛伊德还发表了《一个5岁男孩恐惧症病例分析》《神经质病人家属的故事》《癔病发作概论》《一个强迫性精神病例的备忘录》等论文。弗洛伊德还将当年的论文汇集成书，出版了《短篇论文集》。

第十一章　国际精神分析学会分裂

梦是人类对未完成愿望的一种达成。

——弗洛伊德

（一）

弗洛伊德从美国回来后，便期待着1910年3月即将在德国纽伦堡召开的第二次精神分析学代表大会。

这次大会对于弗洛伊德来说，是弗洛伊德个人历史上、也是精神分析学科学发展整个历史上的一个重要里程碑。从这次会议以后，弗洛伊德便成为国际性的知名科学家，他的学说也迅速传往世界各个先进的国家。而且，精神分析学从此也成为一门举世瞩目的新型学科，不仅被医学界所重视，还被推广到文学艺术、教育、人类学、宗教学等其他科学和实际工作部门。

在距离第二次国际精神分析学大会召开越来越近的时候，荣格却应邀去了芝加哥讲学。他向弗洛伊德表示，在纽伦堡会议召开前他一定会赶回来。

在这期间，维也纳和苏黎世的学者们之间闹起了越来越大的分歧。

为了协调他们之间的矛盾，让这次会议顺利召开，弗洛伊德提前一天到达了纽伦堡，并找到卡尔·亚伯拉罕、桑多尔、费伦次等人进行交谈，商讨如何协调处理好各方面的关系，保证开好这次会议，促进精神分析学的进一步发展。

1910年3月30日至31日，第二次国际精神分析学大会如期在纽伦堡举行。这是继萨尔斯堡大会之后的又一次重要会议。很显然，萨尔斯堡大会为这次大会的召开奠定了组织上和理论上的稳固基础。

3月30日的一大早，弗洛伊德提前来到会场，为的是能与亚伯拉罕一起商讨大会的有关事项。接着，与会学者宣读论文，进行科学研讨。弗洛伊德在大会上作了题为《精神分析治疗法的前景》的报告。瑞士的两位著名精神分析学家荣格和汉纳格也作了高质量的学术报告，充分反映了萨尔斯堡会议后精神分析学在理论上所取得的新成就。

弗洛伊德曾考虑要让各国的精神分析学家更加紧密地合作，共同制定一个研究计划，成立一个专门从事精神分析工作的组织。为此，弗洛伊德提前将这一重任委托给费伦次来组织筹划。

在进行科学讨论以后，费伦次便将他制定的关于未来组织的设想公布出来。可是，他的方案却遭到了许多人的抗议。

反对者认为，费伦次的方案低估了维也纳精神分析学家的工作能力，因为他建议未来的精神分析学共同组织的中心设在苏黎世，由荣格来担任主席。另外，他的建议中包含有一些超出科学研究范围的问题。他早在会前就向弗洛伊德表示：

"精神分析的观点不能容忍民主平等，它必须有精华分子作为中坚，遵循柏拉图式的哲学家统治路线。"

对于这种观点，弗洛伊德也表示赞同。这就表明，当时弗洛伊德已经很清楚地预感到他的理论体系可能引起的各种分歧看法。所以，他

要强调其理论观点的统一性。

大会最终的讨论结果是决定成立国际性协会，并在各国各地设立各个支会，并对费伦次的方案作了修改。

弗洛伊德和费伦次的观点引起了维也纳精神分析学家阿德勒和斯泰克尔的反感。他们尤其不满的是大会主席和秘书这两个重要职位全由瑞士籍的精神分析学家独占。他们认为，大会根本没有重视他们长期以来无私的奉献与研究成果。

而弗洛伊德对此的观点是：精神分析学的研究工作要更加广泛地开展起来，因此不能仅仅局限于维也纳的犹太人圈子，依靠他在维也纳的两个同事——阿德勒和斯泰克尔（他们两人也都是犹太人）。他认为阿德勒和斯泰克尔会顾全大局同意他的观点。

为了能缓和矛盾，弗洛伊德主动表示，他自愿让出自己"维也纳分会主席"的职务，由阿德勒来担任。同时，为了平衡荣格与阿勒德的地位和权力，他建议除由荣格主编原有的《精神分析年鉴》以外，再重新创办一个新的杂志，由阿德勒和斯泰克尔主编，该杂志命名为《精神分析中心杂志》。

在弗洛伊德的劝说下，阿德勒最终同意了弗洛伊德的建议，由荣格担任主席，阿德勒担任新期刊的主要负责人。

随后，荣格委任林克利尔担当大会秘书，并主办《国际精神分析学会通报》，用以定期报道学会各项日常活动、学术活动及出版消息等。

（二）

在弗洛伊德的极力平衡之下，在做出以上决定之后，纽伦堡会议终于胜利地落下了帷幕。

虽然会议中出现了一些矛盾和分裂，但无论从哪个方面来说，纽伦堡会议都是精神分析运动所达到的前所未有的高潮。在这次大会以后，精神分析运动在世界上许多发达国家，如奥地利、瑞士、德国、英国、美国、意大利、法国、匈牙利，甚至在俄国、澳大利亚等国家，都获得了长足的进展。

但这次大会以后，精神分析学会的成员之间出现了很深的裂痕，两年前萨尔斯堡大会上那种团结、和谐、振奋的气氛，如今已经荡然无存。同样，这一矛盾也包含着深刻的理论上的分歧，因此它是很少有希望获得解决的。

果然，在大会召开后的5个月，由于与弗洛伊德的分歧不断增大，阿德勒宣布辞去维也纳精神分析学会会长职务，并退出该组织。随后，他又辞去了《精神分析中心杂志》联合编辑的职务。这一行为表明：阿德勒已经与弗洛伊德公开决裂。

同时与弗洛伊德决裂的还有斯特克尔。1912年11月6日，斯泰克尔宣布退出维也纳精神分析学会。

事实上，当精神分析学在各国产生影响时，从一开始就出现了两种不同的倾向：一种是主张联合成为一个组织，并在学术研究中共同合作；另一种则认为没有必要建立组织，且在学术观点上要容许存在各种分歧。

第二种观点认为，精神分析学是一门新兴的科学。就精神分析这一工作的开创来说，它是富有启发性的，这应归功于弗洛伊德。但究竟该以哪种观点去分析他人的心理，则有着极其广阔的选择余地。

瑞士的布洛伊尔从一开始就不主张成立国际性组织。后来，在1910年的圣诞节，弗洛伊德与布洛伊尔进行了推心置腹的谈话，布洛伊尔才勉强同意成立国际性学会。但不久他就从学会中退出，将自己的兴趣从心理学研究转向精神治疗法。

在精神分析学发展史上，荣格是继阿德勒和斯特克尔后的另一个分裂者。

荣格曾是弗洛伊德最为器重的一位学生，维也纳的学者们对弗洛伊德有意见甚至最后产生分裂，一个重要的原因就是弗洛伊德将国际要职让给了瑞士人，尤其是让荣格来担任。

在1909年9月的时候，弗洛伊德与荣格一起赴美讲学，那时弗洛伊德与荣格情深意笃。弗洛伊德曾多次将自己比作摩西，将荣格比作约书亚。摩西是传说中犹太民族的古代领袖。据《圣经》上记载，摩西带领犹太人摆脱了埃及人的奴役，从埃及返回迦南。约书亚是摩西的继承人。

弗洛伊德用这样的比喻显然是将荣格当成了自己事业的继承人。但从1912年起，弗洛伊德同荣格的关系就开始出现裂痕。而且毫无疑问的是，他们在理论上的分歧也越来越严重。

不过，荣格与弗洛伊德的分歧也不是一下子就爆发出来的，也有一个发展的过程。在弗洛伊德发表《少女杜拉的分析》后，荣格就表示不满。纽伦堡大会上，亚伯拉罕又根据弗洛伊德的观点，写了一篇神经病症与性的关系的论文，再次引起了荣格的激烈反对。

而1912年夏季即将召开国际精神分析学年会时，作为代表大会主席的荣格却到纽约去讲学了，致使一年一度的会议不得不中断。同年，荣格又发表了《论原欲的象征》一文，明确地提出与弗洛伊德的理论对立的观点。

对于这种分歧，弗洛伊德曾主动找荣格举行了一次会谈，但并没有

解决问题。

1913年10月，荣格正式辞去《精神分析年鉴》主编的职务，同时明确地向弗洛伊德表示，此后不可能再为弗洛伊德继续工作了。

几个月后，荣格又正式辞去国际精神分析学会主席职务。至此，荣格与弗洛伊德彻底决裂。

荣格辞职后，亚伯拉罕接任临时主席职务，着手筹备1914年9月将在德累斯顿召开的第四次代表大会。但不久第一次世界大战爆发，会议不得不停止。

（三）

面对精神分析学组织内部复杂的矛盾和斗争，面对阿德勒、荣格和斯特克尔这几位昔日忠实好友的分裂行为，以及精神分析学者们之间的摩擦和分歧，弗洛伊德的内心感到十分苦恼和忧伤。但他那坚强不屈的性格让他没有因此丧失信心，而是继续千方百计地维护和发展这一事业。

1912年夏天，弗洛伊德携妻子一起前往卡尔斯巴特温泉疗养，在维也纳与琼斯和费伦次谈到了阿德勒、斯泰克尔的离去，以及与荣格日渐离心等严峻的形势。费伦次提议，可以将分布在各个中心城市的、弗洛伊德亲自为之作过精神分析的学会成员组织起来。

但经过讨论，这个提议似乎不切实际。后来，琼斯又提出组织一个类似于"老近卫军"那样的、由一小批可靠的精神分析工作者组成的小组。这个小组的成员必须是弗洛伊德最亲密的朋友。他们团结在弗洛伊德的周围，维护他，给他勇气和信心。一旦将来再起纷争，可以给弗洛伊德以安慰。同时，也给他一些类似于助手那样的帮助，诸如对他人的批评给予答复，帮助弗洛伊德搜集资料、文献，为他提供来自小组成员自己的经验例证等。

另外，加入这个小组的成员还必须遵守一项规定：成员一旦要背离精神分析学说的基本原理，诸如压抑、无意识、幼儿性欲等，都必须事先与小组的其他成员讨论他的见解，否则不得公开发表。

这个提议得到了费伦次的支持，随后，他们又将提议分别告诉了兰科和弗洛伊德本人。兰科自然是支持的，弗洛伊德在得到消息后欣喜之情更是溢于言表。这在后来他给琼斯的复信中就可以看出来：

> 你提议，由我们中间最优秀、最忠诚的可靠者组成一个秘密组织，在我过世以后继续推进精神分析事业，使之免受个人因素和意外事件的影响，这个想法实在令我心动。……我知道，这个念头有些孩子气，但或许正可以用它来应付实际中的需求。
>
> 我想，一旦我知道有这样一个组织来守卫我的事业，我就会放心地活着，坦然地死去。
>
> 首先，这个组织的存在及其活动必须是绝对保密的。这个组织可以先由最初产生这一想法的你、费伦次和兰科等几个人组成，下一步再加上虽然结识时间不长，但深得我信任的萨克斯，以及亚伯拉罕。当然，这需要事先征得你们几个人的同意。而我，最好还是留在这个组织之外。
>
> 当然，我也会保守秘密，并为你所告知的一切而表示深挚的谢意。在你答复我之前，我不会透露任何有关这件事的消息，甚至不与费伦次交谈。无论下一次发生什么事，未来精神分析运动的领导

人都将在这个虽小、但经过挑选的小组中产生。对于小组的成员，即使他们最终令我失望，我还是打算信任他们。

......

这个小组后来称为委员会，于1913年5月25日成立。起初有5个人参加，主席为倡导人琼斯，成员有费伦次、兰科、亚伯拉罕和萨克斯。1919年9月，由弗洛伊德推荐，艾丁根又加入该委员会。

虽然1910年纽伦堡大会上的分裂让弗洛伊德感到很难过，但却并没有阻碍他继续发展事业的决心。这年，弗洛伊德发表了许多著作，包括：《原始语言的对偶性意义》《恋爱生活对心理的寄托》《精神分析学论文集》《爱情心理学之一：男人选择对象的变态心理》《列奥纳多·达芬奇对幼儿期的回忆》等。

在这些著作当中，有两篇是最重要的：一篇是收集在《精神分析论文集》中的《关于儿童心理生活的经验》；另一篇是关于达芬奇幼儿期回忆的那篇著作。在这两篇著作中，弗洛伊德对幼儿的心理进行了更加深入的分析和研究，第一次系统地论证了幼儿"自恋期"的心理活动规律。

1910年夏，弗洛伊德还为奥地利著名作曲家古斯塔达·马勒进行了精神治疗。马勒患上了强迫性精神病，而且重复发作了三次。弗洛伊德为他进行精神分析后，他的病情有所好转，与妻子的关系也有所改善。这让马勒一家对弗洛伊德深为感激。

第十二章　战火中的成就

常常有扎根太深的思想，无法用眼泪冲刷掉！

——弗洛伊德

（一）

20世纪初期，尽管帝国主义国家为争夺巴尔干地区而进行了几次战争，但一贯不关心政治的弗洛伊德却没有预料到第一次世界大战会在1914年爆发。

在震惊之余，弗洛伊德也表现出了昂扬的爱国激情，好像有生以来第一次意识到自己是个奥地利人，从不怀疑这场战争的正义性。但由于弗洛伊德已经超过了应征年龄，不能亲自应征入伍，因此在战争爆发的第二个星期，他就将大儿子马丁送往部队担任炮兵，不久又将二儿子奥利弗和三儿子恩斯特送上前线，当上了陆军战士和隧道兵。

但很快，弗洛伊德就让自己冷静下来，不再关心战事情况，而是专心致志地研究他的理论问题。

战争爆发后的第一个月内，弗洛伊德坚持指导了两份杂志——《精神分析杂志》和《意象》——的出版工作。同时，在1915年春的6个星期内，他又写出了5篇包含着他的重要理论观点的论文。其中，《本能及其变迁》和《论压抑》是在3个星期的时间内写成的；他最满意的《论潜意识》是在2个星期内写成的；而《对梦的理论的超心理学的补充》和《悲伤与忧郁症》则是在11天内完成的。

从表面看来，战争的爆发似乎并没有严重地干扰到弗洛伊德的学术活动，即使是国际精神分析学会的活动也仍然没有完全中断。

但是很快，由琼斯提议建立的"秘密委员会"的成员和维也纳精神分析学会的成员就陆续投入到战争当中去了。亚伯拉罕在德国的医院服役；费伦次在布达佩斯应征入伍，当上了匈牙利骑兵部队的上校军医；兰科、萨克斯等人也相继入伍服役。一时之间，弗洛伊德仿佛成了孤家寡人，有时不免感到"黯然而无望"。

而且，战争的爆发还导致弗洛伊德诊疗所的病人越来越少。在战争爆发之前，从欧洲各地来看病的人很多；现在，病人寥寥无几，有时好几天都看不到一个病人前来。所以，在弗洛伊德的一生当中，这算是一段最为空闲的时期。

利用这段时间，弗洛伊德写出了不少论文。在1915年春末夏初的6个星期内，弗洛伊德就接二连三地写出了5篇以上的论文。这年8月，他写信给琼斯说，他计划要写的关于超心理学的12篇论文都已经全部完成了。并说，他准备将这些文章以书的形式发表出去，但"现在还不是时候"。

后来，在这一系列论文中，有7篇没有正式发表。据说，这些论文可能被弗洛伊德本人烧毁了，因为他对这些文章的质量感到不满。

弗洛伊德不仅努力地写作，还绞尽脑汁地思考着各种问题。他用学术和理论上的艰苦研究工作来回避外边世界的繁琐事务。他在给费伦

次的信中说：

"我给这个世界的贡献大大地超过了它所给予我的东西。现在，我比以往任何时候都更加脱离这个世界，我希望这种状况能一直维持到大战结束……"

战争还在如火如荼地进行着。弗洛伊德陆续听到他的朋友、同事的孩子阵亡的消息。他的3个儿子也经常出入火线，这让玛莎每天都提心吊胆，生怕接到什么不幸的消息。

至此，弗洛伊德才从之前的狂热中清醒过来。他意识到，自己犯了一个多么愚蠢的错误，竟然宣扬战争，竟然因为给人类造成伤残和死亡的战争而激动！

到了1916年，战争导致粮食严重短缺，人们的生活非常困难。商店里的东西越来越少，市场上的食物和衣服价格比战前涨了两三倍。由于煤炭缺乏，家中的烤火炉也成了摆设，弗洛伊德不得不在冬天里裹着大衣、围着围巾、戴上帽子，用冻得半僵了的手指握着笔写字和校阅书稿。

（二）

为了应对生活的困难，弗洛伊德除了著述之外，再一次进维也纳大学讲课。这次他讲课的讲稿，就是1917年出版的《精神分析引论》。

在这本书中，弗洛伊德清晰明确地介绍了精神分析学的全貌。书中还对过失心理学、梦的心理学、无意识学说以及性学理论等进行了系统的阐述。可以说，这本书是对弗洛伊德前期思想的一个总结。

在弗洛伊德的学生当中，有一位名叫洛·安德利斯·沙洛姆的女学生。她是个非常善于敏锐地发现伟大人物的人，她的朋友包括许多著名的文学家、科学家，如俄国作家屠格涅夫、托尔斯泰，瑞典剧作家斯特林贝格，奥地利诗人李尔克，奥地利剧作家斯尼兹尔和法国雕塑家罗丹等人。

沙洛姆说，她曾迷恋于19世纪和20世纪的两位最伟大的人物：尼采与弗洛伊德。因此，她一直都非常推崇弗洛伊德的科学成果；而弗洛伊德也高度地评价了沙洛姆女士的品格。

在第一次世界大战爆发后，弗洛伊德一直与沙洛姆保持着联系。沙洛姆在致弗洛伊德的信中表示，人类的未来是乐观的。而弗洛伊德在给他的回信中说：

"人类将战胜这场战争，但我确实认识到，我和我的同代人将再也不会看到一个快乐的世界。一切都是令人讨厌的……"

弗洛伊德一方面厌恨战争，另一方面对荣格等人的分裂活动仍然耿耿于怀。所以，他对形势的看法也变得越来越悲观。1914年，弗洛伊德曾在他所著的《论精神分析运动史》中，严厉地批评了荣格与阿德勒的观点。在一战爆发期间，他更是集中精力深入研究潜意识及其他有关人类精神生活的重大课题。通过这些著述活动，他试图进一步加强自己的理论阵地。

经过1916年的战火，人们拖着疲惫蹒跚的步履进入到1917年。到这一年，战争已经进行3年了，却似乎还看不到尽头。

战争也让人们的生活更加艰苦。弗洛伊德经常犯烟瘾，却没钱买烟抽。在弗洛伊德这一年的许多信件中，他都会提到他的家人所面临的缺粮的威胁。他还患上了重感冒病，这让他的身体日渐衰弱起来。更加不幸的是，他还患了严重的风湿症，写字的时候，手总是不停地颤

抖着。但弗洛伊德却在给朋友的信中说:

"我的精神并没有动摇。……这就表明,一个人的精神生活是多么重要啊!"

后来,他的朋友从美国给弗洛伊德寄来了一笔钱,帮助他缓解了一下生活的拮据;荷兰的朋友还托人给弗洛伊德寄来了几箱雪茄;费伦次则利用他的军官职权从匈牙利经水路给弗洛伊德运来了几箱禁运食品……这样一来,弗洛伊德一家才渡过了难关。

到1917年底,弗洛伊德的下颚癌的最初征候开始表现出来。他的下颚经常出现颤抖,而且还不时地出现剧烈的疼痛。这种病是最忌吸烟的,但对弗洛伊德来说,戒烟又是一种很大的精神痛苦。弗洛伊德逐渐开始担心起来,担心会在母亲去世前死去,这将给他的老母亲一个不堪忍受的打击。一想到这,他的内心就充满了忧虑。

(三)

1918年8月,德军固守多年的"兴登堡防线"被英、美、法联军突破。这时,德国的战败已成定局。

就在战争结束前夕,中断了3年多的国际精神分析学第五次代表大会在匈牙利首都布达佩斯召开。

弗洛伊德在他的《自传》中对此作了这样的描述:

在德国全面崩溃之前,最后一次集会于1918年在布达佩斯举行。当时,中欧同盟国曾派官方代表来参加大会,他们都表示赞同设立一些精神分析站,以治疗战场中的神经质病患者。可惜的是,

这个目标一直都没能实现。

同样，我们的主要会员之一安东·费伦次也曾设想了一套周密的计划，准备在布达佩斯设立一个精神分析研究与治疗中心，但也因为当时政治形势混乱，最终未能实现。

此外，在布尔什维克统治匈牙利时期，费伦次也以官方正式承认的精神分析专家的身份在布达佩斯大学开设了精神分析课。

弗洛伊德在这里所说的中欧各国政府指的是奥地利、德国和匈牙利政府。这些国家的政府都派代表参加了大会，表明在世界大战中出现了许多患有严重精神病的士兵。

大会推举费伦次担任主席。在大会上，弗洛伊德宣读了题为《精神分析疗法的前进方向》的论文。

1918年11月，第一次世界大战宣告结束。匈牙利宣布独立，奥匈帝国不复存在。新生的奥地利共和国境况不佳，维也纳满目凄凉，每况愈下。

为了一家人的生计，弗洛伊德不得不变卖他以前买下的奥地利公债和为玛莎买的人寿保险。玛莎每天早晨也早早地起床，出去东转西转，希望能买到一些干瘪的蔬菜、骨头或者大麦一类的食物，但通常都是失望而归。尽管如此，大家谁也没有抱怨。弗洛伊德在给琼斯的信中说：

"虽然我们在艰难之中苦熬，但科学是让我们挺直腰杆的强大支柱。"

在战争刚刚结束、纸张短缺的情况下，弗洛伊德还成功地出版了他的《精神分析短论集》第四卷。这一卷厚达700多页，比前三卷的总页数还要多。

同时，弗洛伊德还在这一年发表了他的爱情心理学中的第三篇论文——《处女之谜——一种禁忌》。另外，《一个神经质儿童的故事》（又名《狼人》）《恶心的东西》和《孩子挨打》等，也都先后出版。

战争虽然结束了，但和平并没有如期到来。社会的动乱让弗洛伊德一家人的生活笼罩在一片阴影之中。弗洛伊德的诊所收入少得可怜，他的孩子们也都找不到工作。由于经济困难，弗洛伊德不得不举债度日。通货膨胀的结果，使他原有的价值15万克朗的存款化为乌有。这样，当他60岁开外的时候，他仍然一文不名。

在这样窘迫的情况下，不幸的事情接踵而来。1919年底，玛莎也因身患重感冒而更加衰弱了。

不过，战争带来的直接后果就是精神病患者的人数更多了。同时，人们在精神上的空虚、苦闷和悲观，也使他们更加重视精神分析学，希望求助于它来探索解除精神苦闷的奥秘。

因此，在战争结束以后不久，西欧各国的政府、学者和普通人等对精神分析学的兴趣大大增加。这也使得国际精神分析学会在各国的支会进一步得到发展，对精神分析的研究活动也日渐增多。

弗洛伊德在其《自传》中说：

> 战争虽然摧毁了很多社团组织，但对我们的国际精神分析学会却毫无影响。战后的第一次集会是在中立国荷兰的海牙举行的。东道主国荷兰殷勤地接待了来自中欧各国的赤贫挨饿的代表们，那种情景令人感动。我相信，这是英、德两国的人们在战后废墟上第一次围桌而坐，共同友善地讨论双方感兴趣的问题。对于战场神经

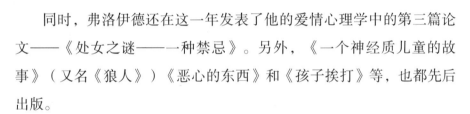

病的观察，终于打开了医学界的眼界，使他们看到了心理因素在神经病中的重要地位。

　　1920年海牙代表大会的召开表明：第一次世界大战使精神分析学获得了进一步的发展，战争使精神分析学变得深入人心，开始渗透到社会生活的各个领域，渗透到一切与人类的精神生活有关的学科当中。从此，精神分析学的发展开始迈入一个崭新的阶段。精神分析学开始成为无形的精神酵母，注入到文学、艺术、社会学、教育学、法学、政治学等各个领域；而在渗透的过程当中，不仅精神分析学起到了改造社会科学和人文科学的作用，精神分析学的不足部分也得到了发展和补充，其不准确的部分更是得到了纠正和改造。

　　由于弗洛伊德的卓越成就和精神分析学的发展，弗洛伊德也被维也纳大学从副教授提升为正教授。面对这样一个特殊的历史时期，弗洛伊德决心进一步总结经验，补充、修正和发展精神分析学的理论。为此，他开始创作精神分析学的另外一部重要著作——《超越快乐原则》。

第十三章　提出"死亡本能说"

言辞具有不可思议的力量：他们能带来最大的幸福，也能带来最深的失望；能把知识从教师传给学生；能使演说者左右他的听众，并强行代替他们作出决定。言辞能激起最强烈的情感，促进人的一切行动。

——弗洛伊德

（一）

当海牙大会结束后，弗洛伊德打算与女儿安娜一起去英国，去看望他在曼彻斯特的亲戚，并顺路拜访剑桥大学。然而，第一个障碍是安娜的签证没有及时寄到。当弗洛伊德准备单独前往英国时，他的一位在柏林的亲戚又因心脏病去世了，他必须到柏林吊丧。这样，弗洛伊德只好放弃这次英国之行。

等回到维也纳后，弗洛伊德的桌子上已经堆了一大堆的信件，好多病人也在等待他的治疗。他的时间很快就被占满了。

世界大战刚刚结束的几年，弗洛伊德发现，世界各地的人们对精神分析的兴趣日渐增长。在维也纳，大约20年前就开始了的"星期三学会"现在再一次繁荣起来，成为国际性协会维也纳分会，吸引了许多新的会员加入。

当弗洛伊德正在为振兴国际精神分析协会维也纳分会努力时，英国也开始重组精神分析结构。在一战期间，英国伦敦精神分析学会中的一些具有影响力的会员都转向荣格一派。1919年2月，琼斯计划"整肃"英国组织中的"荣格派"会员。弗洛伊德获悉后，同意了他的建议。于是，伦敦精神分析学会解散，琼斯组织成立了英国精神分析学会。

然而，美国的情况却特别令人惊讶。在那里，尽管有普特南支持弗洛伊德，琼斯也曾孜孜不倦地宣扬弗洛伊德的主张，但对于大多数美国精神科医生来说，弗洛伊德的精神分析法只不过是"厕所中的俏皮话或茶余饭后兴起的谈资"而已。

除了拒绝认真考虑精神分析的怀疑者之外，还有一些"变节者"。其中有名的是萨姆尔·邓南卜医生。

1922年初，邓南卜医生宣布了他的观点：

"在我的经验中，没有弗洛伊德的那些解释。所谓神经质如果用支配人类生活的其他本能来解释，病人也能够痊愈……神经质是由于个人与现实及世界的冲突而引起的，与他的爱情生活风马牛不相及。"

他还得出结论说：

"现在，人们如果在别的行业不能谋生时，就会转行去当精神分析师。……而精神分析学根本就是伪科学，就像手相术、笔迹学和骨相学一样。"

可以说，在20世纪20年代初期，在混乱的美国精神治疗界中，随处都可以听到这样严厉的批评家的咆哮、狡猾的庸医所作出的不实宣传，以及顽固的敌人的恐怖雄辩。

尽管精神分析学的锋芒太露，又有庸医或江湖骗子的利用，但在20世纪20年代的早起，它仍然巩固了一战末期开始得到的基地。

执业医生和病人每年都在增加，尤其是在英国。在这里，精神分析的地位要远远高过大多数欧洲的大陆国家。而且，精神分析学作为一种研究工具，还有助于解决文学、传记和历史上的一些谜团，尽管有时候因为使用人的经验不够而遭到非议与批评。

有时，弗洛伊德还会被一些"新弗洛伊德"的观点所困扰。持这种观点的人是一些精神分析师，但不像阿德勒、荣格和其他所谓"变节"者，他们虽然也接受弗洛伊德的基本原则，但却强调弗洛伊德不太重视的一些东西，这令弗洛伊德本来的学说遭到了改变。

1920年初，弗洛伊德虽然晋升为维也纳大学的正教授，但却并没有真正享受到职员的待遇，奥地利人仍然不肯给他正式的认可。因此，当别人提醒他，他的名声已经越过疆界时，他说：

"除非先得到国内的承认，否则那就是不可能的。"

不过，弗洛伊德的名声还是吸引了众多来自国外的患者，尤其是一些美国人开始加入进来。弗洛伊德说：

"我依赖外国的病人和学者，因为如果单靠奥地利国人的诊费是不够过活的。到这个月底，我有4个病人——2个美国人和2个英国人——要走。这样一来，我就有一段空闲而比较贫穷的日子了。"

总之，在一战结束后的那几年中，弗洛伊德一方面给病人诊疗，另一方面，他再次将精神分析放在国际舞台上，并努力阻止一些人无节制地滥用。同时，他还将精力放在始于战时的关于"本能的"的"超心理学"的研究上。

弗洛伊德是在1919年春天开始这一研究工作的。他写信给费伦次说：

"我现在所说的，很多都相当晦涩，读者们必须多用脑筋去思考。但是，我仍然希望你会对它们感兴趣。"

（二）

在人类思想史上，关于本能的探索最早可追溯到古希腊时期。那时，人们对自身的认识，通常是从人的躯体中寻找动机的根源。

在早期社会心理学的单一支配理论中，古希腊的哲学家们提出了人的"本能快乐说"，认为追求快乐是支配人类一切行为的基本准则。人们的行为总是追求快乐与幸福，逃避痛苦与不幸，这种趋利避害的苦乐感受是人们一切行为的主要根源；而且，人们感受到的苦乐程度是可以加以量化的，它能够从快乐与痛苦的持久性上加以测定。

这一思想在当时是很流行的。后来，许多心理学家都对这些观点表示赞同，认为趋利避害是人们一切行为的动机，也是解除生理心理紧张的基本方法。所以，快乐和痛苦的感受可以推动个人的行为，从而缓解痛苦，增加快乐。

然而，快乐原则虽然可以支配和影响人的一些行为，但绝不是人的行为的唯一原因。因为，快乐原则只是生理性的苦乐标准，是以机体的生理需要是否满足为前提的。因此，在20世纪初，又有人提出：快乐原则只能是人的本能指标，趋利避害并不是人类本能的表现。人的本能会影响个人对社会的认识、兴趣、情操、行为等，人的本能是其行动和思想的动力，并举出求食、拒绝（排斥）、求新、逃避、斗争、性、母爱、群居、支配（统治）、服从、创造和收集等12种本能，同时还说明每一种本能都包含认识、情感、意志三个先天因素。

这种观点认为，本能是一切行为的基础。这种本能理论对20世纪初的心理学影响很大，但也遭到了一些心理学家的反对。在现代心理学中，虽然不常使用本能，但愿望、需要、动机等与本能密切相关的范围，仍然是非常重要的概念。

应该指出的是，弗洛伊德的本能理论发展中，进化论和遗传学给了他很大的影响。在青年时期，弗洛伊德就深受达尔文的影响；在维也纳大学读书时，他对生物学也很感兴趣，常常听许多生物学、生理学和神经学教授的课，这使他对后来的心理学研究建立了稳固的生物学基础。

总体来说，弗洛伊德的精神分析学在许多方面都是对本能心理学派的继承和发展。例如，以前人们认为，决定人的行为的主要动力是唯乐原则，即寻求快乐和满足，这是由人的本能所决定的。而弗洛伊德研究后发现，在人的本能中，还有超出唯乐原则的更基本、更符合人的本能的原则，这就是强迫重复原则。

这种本能要求重复以前的状态，因此具有保守性。比如人这样的有机体，最初的状态是无机状态，人身上那种具有保守倾向的本能，所要恢复的就是这种无机状态。

对于这种本能，弗洛伊德称之为"死亡的本能"。

从根本上说，生的本能就是性的本能，因为它导致人类的繁衍生息，使人类的生命历程得以延续；而死亡的本能只是破坏性的。由于这两种本能的相互对立和相互依存，才奏出了人类生命运动历程中那种激烈的交响曲。

在弗洛伊德的早期著作中，论述无意识学说、性学理论时，就曾经涉及本能的问题。但直到1915年出版的《本能及其变迁》一书，才对本能的原动力、目的、对象和根源等进行了系统的阐述。

到了20世纪20年代,在弗洛伊德的后期著作中,弗洛伊德更加集中地论述了他的本能理论。这个时期,这方面的著作主要有他的《超越快乐原则》《群体心理学与自我分析》《梦与精神感应》《自我与本我》《有关梦的解释与实际》《心理症与精神病》《奥底浦斯情结的消解》等等。

(三)

所谓"死亡的本能",就是每个人身上存在的一种趋向毁灭和侵略的本能。死亡本能的存在,意味着任何一种有生命的物体都不能永远地活下去,其最终结局必然是回归到无机物质的状态。从这个意义上来说,生命是一条通向死亡的回归线。

死亡本能理论也是弗洛伊德后期思想研究的重要内容之一。其实,这个理论在1900年前后就已经开始萌发了,到1920年在《超越快乐原则》一书中才正式提出。

弗洛伊德认为,死亡以死的本能的形式,成为一种消灭生命的势力,而所有生命的目标都表现为死亡。人类从诞生之日起,就有一种本能要以毁灭生命而重返无机形态为目的。这种自我破坏的本能就是任何生命历程都不能超越的死的本能。它具体表现为破坏、伤害、征服、残酷、恐惧、攻击、虐待、自毁、侵犯、谋杀等等。弗洛伊德认为,这种本能是内在的,是人类普遍的天性。他说:

"如果我们把这个观点——一切生物毫无例外地由于内部原因而归于死亡(或再次化为无机物)——视为真理的话,那么,我们将不得不承认,一切生命的最终目标乃是死亡,而且回顾历史可以发现,无

生命的东西乃是先于有生命的东西而存在的。"

那么，是什么样的动机致使弗洛伊德提出和研究死亡的本能呢？

客观上说，是第一次世界大战起到了重要的作用。弗洛伊德生活的年代，是一个动荡变革的年代。在那个年代里，他与所有同龄人一样，渴望安宁，对未来充满希望，思想上时时表现出欧洲中产阶级那种典型的乐观主义幻想。

然而，1914年爆发的第一次世界大战让弗洛伊德简直不能相信，人类还会如此的疯狂、仇恨和破坏。这迫使他根据精神分析学的其他原理提出了与生的本能相对立的死亡的本能学说。

而从主观上来说，"死亡本能说"的提出与弗洛伊德曾患的"恐死症"有关。在40岁以后，他几乎经常想到死亡。有时，他在与别人分别时还常常会加上一句：

"你也许会再也见不到我了。"

这种对死亡的敏感及其强烈的反应，可以从他的童年中找到根源。

弗洛伊德6岁的时候，有一次，他的母亲告诉他：人是由泥土做成的，所以人也必须再回到泥土中去。这个说法让弗洛伊德非常吃惊。此后，他似乎在自己的脑海中经常听到这样的声音——"你必定会死！"

可见，母亲所说的"人必定要回到泥土中去"给他留下了多么深刻的影响。

由此推测，弗洛伊德从小就对死亡感到吃惊，而成年后又具有恐死心理症，所以势必会去研究死亡的问题，并提出死亡本能的理论。

在论述死亡的本能时，弗洛伊德特别重视同时代的生物学家维斯曼的观点。维斯曼将生物机体区分为必死的和不死的两部分，必死的部分是血肉躯体，它最终会自然死亡；不死的部分是生殖细胞，它能够用一个新的躯体来包裹自己，在适当的条件下再次发展成为一个新的个体。

这种观点对弗洛伊德影响很大。他认为可以从这种研究成果中区分出两种本能来：一是引导与性和遗传无关的那部分躯体走向死亡的本能；另一种是性本能，它能够使生命获得更新。

1915年，即第一次世界大战爆发的第二年，弗洛伊德写了《目前对战争和死亡的看法》一文。在这篇文章中，弗洛伊德对战争与死亡的本能进行了集中的论述。

弗洛伊德指出，战争是人的仇恨、破坏本能的表现。战争的爆发就是具有强烈的破坏本能的人头脑发胀、感情冲动的结果。这种冲动不仅个人有，整个团体、民族、国家也都有。人类的历史就是一场爱神与死神相互斗争的戏剧，而战争的根源在于人的无意识深处的死亡本能。

这也正如后来弗洛伊德写给爱因斯坦的信中所说的那样：

> 根据我们的假设，仅有两种可能：一种是力图生存与联合，另一种是力求破坏与杀害。而后一种本能我们称之为侵略和破坏的本能。

由此，弗洛伊德得出结论：

"在我看来，战争无疑是一种完全自然的事情，因为它有着稳固的生物学基础。它几乎是不可避免的。"

不过，弗洛伊德的这种观点将战争的最终根源归之于人类天生的本能冲动，本身就离开了社会的经济、政治根源这样的事实，而且又得出战争的"不可避免性"，显然是在客观上为法西斯及一切帝国主义国家发动侵略战争提供了论据，甚至是开脱了罪责。这是不被认可的。

　　总之，弗洛伊德不仅对人的本能进行了研究，还十分重视将生的本能和死的本能联系起来分析，从中找到了两者的真实联系。弗洛伊德指出：在两种本能的关系中，首先，生的本能是服务于生命的，维持和促进生命向前发展；死的本能则服务于死亡，竭力阻止生命向前发展，力图将生命复归到无机状态。两者相互排斥、对立。

　　其次，生的本能与死的本能又相互联系、相互依赖，生命本身不仅包含生的种子，还包含着死的种子。

　　正是由于生与死之间的这种对立和统一，才使得生命得以存在并延续。

弗洛伊德对莎士比亚特别推崇，从8岁就开始阅读莎士比亚的著作。最后，他几乎看完了莎士比亚的所有著作，而且每当阅读时，他总要从莎士比亚的著作中摘引最精华的部分，背诵得滚瓜烂熟。他非常仰慕莎士比亚所表达语言的精确和深刻，特别敬仰莎士比亚对于人生要旨的精湛理解。他的朋友琼斯说，弗洛伊德简直就是一个"莎士比亚癖"。

第十四章　对心理人格问题的研究

良心是一种内心的感觉，是对于躁动于我们体内的某种异常愿望的抵制。

——弗洛伊德

（一）

为了进一步揭开心理人格的奥秘，弗洛伊德在1923年又出版了一部重要的著作——《自我和本我》。在这本书中，弗洛伊德将以前的两部人格结构理论发展为三部人格结构，即本我、自我与超我，从而形成了系统的人格理论。

人格理论在精神分析学中占有重要的地位。弗洛伊德利用这个人格模式，展现了作为个体的人是如何以本能为动力，进而发展为具有社会属性和文明标志的漫长历程。

弗洛伊德说，无意识学说只是描述了人们的心理结构图式，《超越快乐原则》揭示了一系列的思想原则，而《自我和本我》讨论的则是这些图式、思想是如何进一步发展的。

也就是说，以前的学说都只是一种静态描述，没有突出动力学的意义，而三部人格理论则着重说明了心理过程的动力性质。这个理论将

人的整个心理过程看做是一个能量系统、动力系统，而且，这个系统受物理、化学规律的支配。因此，弗洛伊德认为：人格学更加接近于精神分析学。

在人格结构的内部，当本我、自我和超我三者协调统一时，人的心理处于平衡状态，人格就是正常的；反之，就是一个不良甚至是畸形的人格。

那么，什么是本我呢？

弗洛伊德起初认为，除了名词之外，他也无法给出更多的知识，因为本我是人格中"模糊而不易把握的部分"，比较形象化地描述本我，"可称之为一大锅沸腾汹涌的兴奋"。但在最后的、弗洛伊德未完成的著作《精神分析大纲》中，弗洛伊德还是对什么是本我做了正面的解释：

"'本我'的力量表现了个别有机体生命的真正目的。这种目的就在于满足其内在需要。"

显然，这里所说的目的就是指人的本能，即"肉体对于心灵的要求"。

对于本我即本能的观点，弗洛伊德还作过多次论述，并指出：

"'本我'于某处和身体的历程直接接触，从它们那里取得本能的需要，作出心理的表示。"

本我以追求本能冲动和被压抑的欲望的满足为目的，它的唯一功能是及时发泄因内部或外部刺激而引起的兴奋。本我的这一目的和功能，要求按照生命的快乐原则行事。快乐的原则能使人消除或降低紧张程度，并使之保持消除或降低紧张后给人带来的欢乐和愉快。尽管本我不受统一意志、道德的支配和约束，但它在大多数情况下难以实现本能的冲动和欲望的满足，往往受到压抑而感到沮丧甚至痛苦，但它遵循快乐的原则是始终占优势的。

总而言之，弗洛伊德通过研究认为，本我总是古老而长存的。它缺乏理智、容易冲动、要求苛刻、孤独乖僻、自私自利、专寻快乐，就像是人格中宠坏了的孩子。

（二）

对于自我的概念，弗洛伊德认为，冲动和表象不能达到生存和再生的进化目的，除了孩童之外，一般人的冲动行为都可能招来惩罚而遭受痛苦。一个人要完成生存的使命，就必须去适应现实环境，从外界获得所需要的一切。这种人在与现实环境之间的交往中所产生的新的心理系统，就是自我。

自我是人格中最重要的部分之一，是人格的执行者，对本我和超我起着重要的控制作用。这种作用发挥得好，人格就能协调发展；反之，人格就不能协调，甚至出现畸形发展。

自我以"现实原则"为指导，不受"快乐原则"的影响。在弗洛伊德看来，自我来自知觉系统，如果没有知觉系统作为中介，本我就不可能分化出自我。他指出：

"自我是通过知觉意识的中介而为外部世界的直接影响所改变的本我的一部分，在某种意义上，它是表面分化的扩展。"

自我具有以下一些特性：

一、自我是每个个人整个心灵，尤其是自觉心理活动的主要代表，"我们称呼出自知觉系统，并由潜意识开始的统一体为'自我'"；同时，自我也是对于自身，包括精神和肉体的自我认同，即自我所表示的除了心灵的自我之外，还包含对于自身躯体，及其从躯体与外界的接触中所获得的各种感觉的确认。

二、自我的核心是知觉系统，这一知觉系统的最突出特征就是理性。在这一方面，它与本我基本是相对的。知觉系统具有敏锐的辨别能力，能够更加精确地观察和认识外部世界，它与思维、记忆系统一起，使人的判断力得以加强。

三、从人格结构的角度来看，自我位于本我的外缘，是本我与外部现实世界的中介环节。自我附着在本我的表层，但"并不是全部包住本我，而只是包住了一个范围。在这个范围里，知觉系统构成了它的（自我的）表层，多少有些像胎盘依托在卵细胞上一样。自我并不与本我明显地分开，它的较低级的部分并入本我"。显然，自我与本我是一个连续的过程，最深层的是本我；中间层是本我到自我的过渡，是两者的相互渗透，从自我的角度来看，或许可以称之为比较低级的自我；最外层则是比较高级的自我，也就是知觉。

四、自我的任务是依据现实原则，协调本我要求与外部世界的关系，"自我习惯与把本我的欲望转变为行动"，同时又将"对能动性的控制移归自我掌握"。

在这里所说的能动性，也就是本我的本能冲动。由此可见，自我的主要任务就是在本我与外界现实之间发挥居间调停的作用。

（三）

人格结构中，还有超我。超我在人格中处于最高层次，是道德化了的自我。弗洛伊德说：

"在自我中存在着一个等级，在自我内部存在着不同的东西，可以把它称为'自我典范'或'超我'。"

这个"自我典范"一般包括两个方面：一方面就是我们通常所说

的"良心"，代表着人在现实生活中"可以"和"不可以"的联合力量，好比人格中专管道德准则的"司法部门"，对违反道德的行为进行惩罚；另一方面就是"自我理想"，它是确定道德行为的标准，如同人格中的"立法机关"。

从弗洛伊德上述对超我的界定可知：超我是一个与本我、自我并列的实体，这一实体是从自我中分化出来的，它的主要内容是道德理想、道德规范，主要职责与活动是侦查、监视自身的行为，以及相关的以良心的形式对自身行为予以裁判。

弗洛伊德认为，超我是后天形成的，源于父母、老师和社会的影响与教育。具体来说，超我是社会、师长，尤其是父母自身的超我，即父母的理想、目标和权威在孩子心目中的内化，孩子则通过父母的作用而逐步在心灵中树立起自己的"超我"。

在弗洛伊德看来，人格结构的内部关系主要是指以自我为中心的，自我与本我、外部环境以及超我的关系。但本我、自我和超我之间并没有明显的界限，三者之间的相互作用构成了统一的人格。

本我不顾现实，只要求满足欲望，寻求快乐；超我按照道德准则来对人的欲望和行为进行限制；而自我则活动于本我与超我之间，既要通过知觉和思维来满足本我的要求，又作为控制系统把人们违背道德规范的欲念驱回到无意识之中，对精神活动起着调节控制的作用。

在人格的三个方面，自我扮演的是一个非常难当的角色，既要受非理性的本我的逼迫，又要受严厉的超我的监督。对此，弗洛伊德说：

"有一句格言告诫我们：一个奴仆不能同时服侍两位主人。可怜的自我却处境更坏，它要服侍着三个严厉的主人，而且还要使它们的要求和需要相互协调。"

在人格当中，由于自我起源于知觉系统的经验，所以它的本职是表

达外部世界的需要。但是，它又往往与本我保持友好关系，成为本我忠实的"奴仆"。

当本我顽固不屈时，它会称本我正在服从现实，将本我与现实的冲突掩饰起来，有时也将它与超我的冲突进行掩饰和调和。

另一方面，自我的每一步又受到超我的严格监视。超我对自我的处境毫不体谅，只要求自我按照它制定的规则行动。如果自我不服从，就会遭到惩罚。

自我就是这样被本我所驱使，受到超我的限制，艰难地履行着自己的职责。

按照科学的人性观，人格的构成应该从社会和个人两个方面来探讨，既要看社会因素在人格中的决定作用，又不能忽略了个人的因素，比如生理、心理的差异在人格中的影响，等等。

弗洛伊德虽然看到了人格构成中的社会因素，并且试图揭示它与个人因素之间的关系，但由于他的人格学说是建立在本能决定论基础上的，因此又过分地夸大了本能的作用，将本能看做是人的心理过程及活动的决定性因素。

（四）

人格是一个复杂的能量系统，操纵人格三个部分运转的能量叫做心理能量。

心理能量并不神秘，与其他形式的能量一样，只不过进行的是心理工作，如思维、知觉、记忆等，这就如同机械能进行机械工作是一样的道理。

人格形成和发展的根本动力都来自心理能量。在人格的三个部分中，心理能量的分布和转移构成了人格的动力系统，决定着人格的发展方向。

弗洛伊德认为，本我的能量是通过反射活动和愿望满足的活动这两种方式来实现的。这两种过程的目的都是用消耗能量来满足需要，给人们带来平静的。

本我的能量都是在发泄过程中消耗掉的。有时，本能在选择能量发泄对象时，可能会出现由一种对象转移到另一种对象上的情况，这就是移置。就像饥饿的婴儿一时找不到食物，就会把手指头伸到嘴里一样。而且，只要事物有某种具体的相似之处，就会产生移置。

本我的能量在释放中通常会与自我和超我发生冲突，这时，本我就会竭力冲破阻力。如果成功，它就以过失行为将能量发泄出来；如果没有成功地找到发泄能量的途径，自我和超我便会使用这些能量，为自己的活动提供动力。

自我本身没有能量，在本我的能量还没有转移到构成自我的潜在的心理过程之前，自我并不存在。只有自我这一新的心理过程被赋予能量后，自我才存在于人格之中。而激活自我潜力的出发点则是求同机制。

求同是内心世界与外部世界的一致、等同或吻合。由于求同机制的存在，使得本我曾用在形成事物意象中的能量被转移出来，由自我反映在现实世界的真实面貌上。

这种能量的转移，为自我的发展提供了动力。而随着自我的理性功能的产生，更多的能量从本我中射出，注入自我当中。自我从本我中吸收能量，除了满足本能以外，还可以用来发展感知、学习、记忆、判断、推理和想象等心理过程，从而促进整个人类文明的进步与发展。

而超我控制机能，决定了它可以从本我和自我中获得心理能量，阻止本能的能量在冲动行为中释放出来。这种作用叫做反能量发泄。而且，超我通常是将能量投入到对理想、道德的能量发泄上。一个人在理想、道德上释放的能量越多，他就越能成为一个品行高尚、受人尊敬的人。

弗洛伊德在揭示这些人格动力的同时，还非常重视对精神分析学中焦虑这个范畴的研究。因为焦虑在人格发展和人格活动的动力状态中起着重要的作用。

焦虑是一种因外界的危险而产生的一种痛苦的情感。这种焦虑的知觉可以是先天遗传的，也可能是后天形成的。

比如，婴儿对黑暗的恐惧就是因为人类在制造和使用光亮之前，长期在黑暗中遭受危险，所以婴儿一出生就会对黑暗产生一种恐惧感；而到了后天，婴儿逐步知道，人在黑夜中经历的恐惧要比白天多。懂得了这样现实的焦虑，人们就学会在焦虑信号发出后，很快作出有效的反应，以防患于未然。

根据以上的分析，弗洛伊德认为，由于人类自身的心理能量对外界现实的各种有效调节，以及自我中各种对付焦虑的机制的形成，才逐渐促进了人格的健康发展。这也是弗洛伊德在心理人格问题的研究上得出的重要结论。

第十五章　广泛的爱好与成就

你我所做的任何事情都起源于两种动机——性冲动以及成为伟人的欲望。

——弗洛伊德

（一）

弗洛伊德在他的《自传》中曾经谈到，自从他写了《梦的解析》之后，精神分析这一概念所涵盖的已经不限于单纯的医学范围。精神分析学说在法国、德国的一些国家一经面世，便被广泛地应用于一些与医学并没有密切关系的领域，诸如文学、美学、宗教、历史、神话、民俗学等，甚至连教育学也包括在内。

弗洛伊德还指出：

"精神分析的这种种应用之发端，多数都可以在我的作品中看到。"

而弗洛伊德对于美学和文学艺术的研究，就是从《梦的解析》开始的，后来在他的其他著作、文章中也涉及或专门论述过这类问题。

从一开始，弗洛伊德就将审美与文学艺术同精神分析学结合起来，使两者在互相贯通、互相渗透、互相作用中发展。这种关系主要表现在两个方面：一方面，精神分析学以文学艺术和审美经验为论据；另一方面，文学艺术和审美经验又给精神分析以解释，以美的形象去宣传、推动精神分析学的发展。

从现代西方的美学和艺术发展来看，美学表现得更加突出一些。这种突出的倾向，甚至演变为美学中的一个新流派。这就是精神分析学美学，在西方产生了很大的影响。

弗洛伊德用精神分析学来分析美学，旨在探索那些沉睡在人们心中而没有被社会规范和习俗的禁忌所玷污的心理源泉。在弗洛伊德看来，这些潜在的心理源泉在审美、艺术、宗教和科学等许多领域，为人类创造性的探索指出了道路。

由于无意识学说是精神分析学的重要理论基础，所以，精神分析学美学的基本原则，就是把审美和艺术置于无意识之内。弗洛伊德就是因为这个才去研究和论述美学与文化艺术的。

就某一审美物象的价值而言，美就是直接诉诸我们感觉的物象的一种性质。所以，美既存在于物象之中，又存在于人们的主观评价之中。根据这种观点，对物象的美感或称审美观，都是从它的感觉出发，再经过深入理解，返回到感觉上来，进行更深刻的感觉。

在现实生活中，人们往往从纯生理反应出发，把对事物的快感这种纯感觉同美感混为一谈。弗洛伊德在刚开始谈到审美问题时也是如此。他认为，审美就是一种美的享受，是一种快乐，或称审美快感，是由爱的本能从美的对象那里获得的快乐。

当人获得爱的对象时，总会以各种形式刺激到自己的器官，感到某种满足而得到快乐，这就是审美的快感。

从这些观点可以看出，弗洛伊德的审美观还带着一些旧的唯物主义

哲学倾向。因为快感主要属于感觉器官受到外界刺激时直接引起的一种生理反应，也就是纯感觉。而纯感觉或称简单感觉，只能及于对象的外表，不能及于对象的内在本质。

应该说，弗洛伊德的美学观尽管在现代西方乃至世界美学和艺术界产生了很大影响，但它并不是尽善尽美的。弗洛伊德将美和艺术问题同深层的心理研究结合起来，提出了美、审美的根源在于性、艺术是爱欲在幻想中的满足等观点。尽管这些观点存在着错误和不足，但它毕竟是美学和艺术研究中的一种探索和突破，为后人进行这方面的研究提供了借鉴和资料。

（二）

弗洛伊德曾说，他有一些"非医学的兴趣"，而文学艺术则显然是其情有独钟、投入最多，且成果最为丰富的兴趣之一。在弗洛伊德看来，精神分析与文学艺术可以说有着不解之缘。就这两者而言，弗洛伊德先是藉文学艺术所创造的艺术形象来论证他的精神分析学说，并获得了惊人的成就；继而，他又以精神分析学说来阐述文学艺术作品和文学艺术家的创作活动，也获得了累累硕果。

弗洛伊德始终对文学艺术的研究抱着浓厚的兴趣。早年时期，他曾废寝忘食地飨读古今文学名著，提高自己的文学艺术修养。而且，由于他一直保持着同文学艺术界的联系，关心文学艺术，努力进行创作实践，从而使他对文学艺术的理论问题、美学问题、文学艺术史的问题以及写作方法等问题，都有着很深的认识和造诣。

弗洛伊德本人的写作能力也很强，而且文风优雅、朴实。他所遵循的基本原则就是既要表现出浪漫和想象的色彩，又要通俗、简朴，可以为大多数人所接受和理解。这种基本观点与弗洛伊德研究精神分析学的态度是一致的。

在他看来，一切精神科学以及与此有密切关系的人文科学，都必须反映人类心理活动的基本规律。只有这样，写出的作品才能引起人们的共鸣。

随着精神分析学说的日渐成熟，弗洛伊德也开始将其应用到文学艺术领域，主要是用以阐述文学艺术家的作品及其创作活动。而"奥底浦斯情结"，则是弗洛伊德用来揭开诸多文学作品底蕴、开启作家创作心理奥秘的一把钥匙。其中，最为典型的就是弗洛伊德对于古代、近代乃至近现代的三部著名悲剧作品——《奥底浦斯王》《哈姆雷特》《卡拉马佐夫兄弟》——的内涵进行了全新的诠释：

"很难说是因为巧合，文学史上的三部杰作——索福克勒斯的《奥底浦斯王》、莎士比亚的《哈姆雷特》和陀思妥耶夫斯基的《卡拉马佐夫兄弟》都表现了同一个主题——弑父。而且，在这三部作品中，弑父的动机都是为了争夺女人，这一点十分清楚。"

在提出"奥底浦斯情结"时，弗洛伊德已经从前所未有的角度对《奥底浦斯王》作出了新的开掘。由此，《奥底浦斯王》不再属于一出命运的悲剧，所揭示的也不再是主观意志与宿命抗争力有不逮，最后酿成悲剧这一主题，而是对于发自人幼年的、存在于心灵深处的无意识层面的、长期遭受压抑、无从表达的一种欲望的揭示。

在弗洛伊德看来，这出悲剧之所以赢得了人们如此深沉的共鸣，是因为随着这出戏情节的逐渐展开，我们感觉到自己内心深处深埋的愿望得以宣泄；同时，也从中体会到一旦这种欲望成为现实，必然会酿

成无法挽回、可怕的悲剧。

无论作为一个神话，还是作为一出喜剧，奥底浦斯都是人类心理深层无意识领域被压抑之物改头换面的表露。作为前者，它是群体无意识的表露；作为后者，它是剧作家个体无意识的表露。

观众之所以能够从中得到共鸣，是因为它与观众无意识层面的被压抑之物深相契合，并且使观众通过看戏而将深埋在自己内心深处的这一情结宣泄出来。

对于莎士比亚的作品《哈姆雷特》，弗洛伊德也作了类似的重要解释。通常，人们在阐发《哈姆雷特》的悲剧意义时，不外乎从两个方面入手：一个是认为这出戏揭示了人的生命活力被过度的智力活动所消磨；另一个是认为这出戏描绘的是人的一种悲剧性格：犹豫不决、优柔寡断等。

然而，弗洛伊德却从该剧的两个情节上发现了以往阐述难以自圆其说的地方：一个是哈姆雷特曾在盛怒之下毫不犹豫地刺杀了躲在挂毯后面的倾听者；另一个是他曾处心积虑地杀死了两位想谋害他的朝臣。

那么，为何他对于父王幽灵的嘱托却要踌躇再三呢？

对此，弗洛伊德认为，这其中的奥秘就是该剧的真正内涵：哈姆雷特的仇人所行之事，弑其父而娶其母的行为正是哈姆雷特自童年以来压抑良久的内心愿望。于是，他对仇人的恨意被对自己良心的自责所取代，因此迟迟不能下手。

弗洛伊德进一步说，哈姆雷特内心深处的基本矛盾实际上也是莎士比亚自己和一切读者所共有的。他说：

"哈姆雷特的遭遇其实影射了莎翁自己的心理。而且，勃兰戴斯对莎翁的研究报告（1896年）指出，这一剧本是在莎翁的父亲死后不久

（1601年）所写的。这可以说，莎翁在哀挽父亲的同时，他的被潜抑的感情得到机会复苏。还有，我们也知道，莎翁早夭的儿子，就取名为哈姆涅特（发音与哈姆雷特近似）。"

所以，究其实质，《哈姆雷特》同样是一出揭示"奥底浦斯情结"的悲剧。

此外，陀思妥耶夫斯基的名著《卡拉马佐夫兄弟》当中，也具有弑父的情节，而作者对于书中的人物则抱着"仁慈的怜悯"。弗洛伊德注意到，这本书中弑父的故事同陀思妥耶夫斯基本人的父亲的命运之间有着十分清晰的联系。由此他推断，这部小说也是作者无意识心理的不由自主的流露。

虽然能直接纳入"奥底浦斯情结"框架的文学艺术作品数量有限，但在弗洛伊德看来，文学艺术，以及美的性质，从根本上说依然是与"奥底浦斯情结"、与人的无意识具有密不可分的内在关系。这一观点，可以从弗洛伊德对文学艺术的性质的论述中清楚地体现出来。

（三）

就弗洛伊德对文学艺术作品及其创作活动的探讨来说，我们可以清楚地看出，他总是在极力地从无意识理论的角度出发，来对文学艺术现象进行阐释。

首先，弗洛伊德指出，文学艺术的实质是幻想和梦幻。他认为，文学艺术的创作是诗人的经过改造的"白日梦"和幻想。他指出：

"我们无论如何也不能否认，许多想象力很强的作品要远远超出那些最初的那种天真的白日梦的范围和水平，但我们仍然坚持这样一种猜测：即使那些走得最远的白日梦变种，也可能通过一系列连续不断的转换，还原成为白日梦的原型。"

那么，究竟什么是白日梦和幻想呢？

弗洛伊德认为，白日梦和幻想是"那些愿望未能得到满足的人们心中生出来的"东西，这些愿望中最基本的便是"性欲"和"野心欲"；白日梦和幻想"意味着某个愿望的实现，或意味着对某种令人不满意的现实的改进"。

其次，弗洛伊德认为，这些幻想和梦幻具有时间特点。也就是说，白日梦和幻想总是同目前、过去和未来三个时间维度联系。它们总是由眼前发生的，唤起某种强烈欲望的事件所引发；它们又总是与记忆中的幼儿时期的能使欲望得以实现的早期经验相联系；它们还会为自己制造出代表欲望实现的、将在将来发生的某个事件。

由此可见，弗洛伊德尤其强调欲望和童年生活回忆对于诗人、作家创作活动的特殊含义，这显然与他的精神分析学说的基本思想是一脉相承的。

此外，弗洛伊德还强调，文学艺术的创作是对于幻想和梦幻的改造形成的。他认为，白日梦和幻想都是人们心底最隐秘的、最不可告人的欲望和想法，诗人和作家绝不会轻易地拿出来示人。

况且，即使是将这些愿望想法披露出来，公之于众，也不可能使受众从中获得任何愉悦感。

弗洛伊德就此猜测，文艺创作就是诗人、作家以某种技巧改装了他们的梦幻和幻想，从而使受众在作品中体验到种种快感。

并且，这一改造主要集中在两个方面：一是借助交换、伪装等方法，削弱幻想、梦幻的"自我中心"感，以便使作品能够易于为受众所接受；另一个是设法为梦幻、幻象提供某种形式或审美的快感，使受众从中得到快乐，并以此进一步帮助释放出内心深处的更大的快乐。

弗洛伊德对于艺术的热爱还表现在他的日常生活中，他的家里布置、办公室和书房的陈设等，都像一个艺术家的殿堂。欣赏人们的创造物和艺术复制品，简直成了弗洛伊德精神生活中重要的不可分割的一部分。

有一天，玛莎和米娜来到弗洛伊德的诊所，看到这么多丰富多彩、琳琅满目的艺术品，米娜开玩笑说：

"弗洛伊德，你如果放弃医务的话，马上就可以开一家古玩店。"

而弗洛伊德却笑着说：

"我就像一只老鼠，贮藏坚果过冬。但是，越是置身于这些过去的雕像之中，我就越能倾向于未来。"

（四）

随着精神分析学的广泛传播，弗洛伊德的文学艺术理论逐渐成为现代文学和美学上的一股思潮，在西方现代文学艺术界产生了重要的影响。受其影响的人当中，既有现代派作家，也有现实主义作家。他们不仅对弗洛伊德的理论进行了研究，还将其思想和方法运用到创作实践之中。

弗洛伊德的文学艺术理论首先在他同时代的文学艺术家当中产生了重大影响。随着精神分析学的发展，许多文学艺术家都不断前来拜访弗洛伊德。

20世纪20年代起，弗洛伊德也经常与罗曼·罗兰、托马斯·曼、茨威格、里尔克、威尔斯、萨尔瓦多·达利等作家保持着友好的往来。

1915年，奥地利著名象征主义诗人里尔克首先拜访了弗洛伊德。从此，象征主义文学与精神分析学便紧密结合起来。

1923年2月，法国著名作家罗曼·罗兰在给弗洛伊德的信中表示，在过去的20多年里，他一直都在阅读弗洛伊德的著作。次年的5月14日，罗曼·罗兰在德国作家史蒂凡·茨威格的陪同下拜访了弗洛伊德。三人进行了愉快的畅谈，并对创作和人的心理活动的关系进行了认真的探讨。

罗曼·罗兰与茨威格等人，代表了一批经受过第一次世界大战的考验，并在考验中发生思想转变的文学艺术家和科学家。弗洛伊德也亲身经历了第一次世界大战，亲眼目睹了战争给人类和科学文化事业带来的破坏。他同罗曼·罗兰和茨威格等人一样，厌恶这个"可恶的时代"。因此，他们在一起很谈得来，不论是文学创作，还是社会现实，他们都很有共同语言。

1925年，法国作家列诺曼拜访了弗洛伊德，并与弗洛伊德一起讨论了他的作品。他们认为，如果将精神分析学滥用于文学创作当中，将会导致极坏的后果。因为艺术创作中的心理活动是十分复杂的，艺术家为了增强作品的浪漫性和思想性，可以在心理深层的无意识中自由翱翔，但艺术家还必须理性地控制住自己，保持清醒的头脑，而不能用纯粹的感情去表现显示生活。

同年，丹麦著名作家勃兰戴斯又拜访了弗洛伊德。这位犹太人出身的哥本哈根大学教授是一个擅长于文艺批评的评论家。弗洛伊德在同他的交谈中，畅所欲言地表达了自己对文学创作的看法。

1925年6月，美国联合电影公司准备拍摄一部历史爱情故事影片，叙述自安东尼和克列奥巴德拉的爱情故事开始，直到当时为止的所有动人的爱情故事。著名电影导演哥尔德文首先通过亚伯拉罕求助于弗洛伊德，但弗洛伊德对此并不感兴趣。

不久，美国联合电影公司又派纽曼先生亲自联系了弗洛伊德，明确表示这部电影将会反映出某些与精神分析学有关的思想，请弗洛伊德帮助拍摄，并付给他10万美元的佣金。

弗洛伊德担心影片的编导们没有深入地研究和领会他的理论，以至于歪曲他的观点，所以一直不同意与导演们合作。但这部影片——《心灵的奥秘》最终还是拍摄出来了。而且，在未经弗洛伊德同意的情况下，纽约制片厂竟然宣传说该片的每一个情节都是"由弗洛伊德博士设计的"。对此，弗洛伊德非常不满。但通过这件事不难看出弗洛伊德的理论对文学艺术的影响之大。

在弗洛伊德文学艺术理论的影响之下，许多文学艺术家不仅对弗洛伊德的学说开始感兴趣，同他本人也建立了深厚的友谊，对他也十分敬重。

由于弗洛伊德在文学艺术界所产生的广泛影响，在1926年庆祝弗洛伊德70岁寿辰的时候，许多名作家纷纷向他致电祝贺。

从1927年到1929年，弗洛伊德还发表了一些重要的文章和著作，在文学艺术理论上做了许多建设性的工作。

1927年，弗洛伊德发表了《论幽默》一书，继续探讨在20年以前在《机智与潜意识的关系》一书中所探讨过的问题。《论幽默》只用了5天的时间就写成了。这本小册子很成功地探索了幽默性文艺作品的创作问题。

1928年，弗洛伊德又发表了《陀思妥耶夫斯基与弑父者》，这是文

学心理学中的一篇重要著作。

1929年，他又写了一本专门论述文学艺术的著作——《文明及其不满》。这本书集中体现了他关于现代文化的思想，书中所谓的"不满"，其实是指人类心理生活中的烦恼、苦闷和不安等在文化中的表现。

可以说，弗洛伊德是现代科学思想界少有的人物。他一生不仅酷爱文学艺术，还把心理学与文学艺术结合得那么完美；他不仅精通很多古典及现代文学艺术作品，还潜心于古董和各种艺术品的收藏。他运用精神分析学的方法去研究分析人类在科学和艺术上的灿烂成就，其丰富而超乎寻常的想象力与深邃的综合分析力，使他在许多方面都表现出富有创见的、独特的见解，对现代文化繁荣和发展作出了突出的贡献。

可能是出于对儿子的高期望，弗洛伊德的父母一直对他给予特殊的照顾。年少时，为了保证他的学习，父母在他看书的小房间装上了当时相当昂贵的油灯。全家其他房间晚上点的都是蜡烛，唯独弗洛伊德的小书房是比较亮堂的油灯。弗洛伊德经常看书到深夜，灯油很快就耗尽了，但父母从不埋怨他。

第十六章　与口腔癌搏斗

我想不出比获得父亲的保护更强烈的儿童需要。

——弗洛伊德

（一）

经过长达几十年一如既往的辛勤工作，弗洛伊德终于在其晚年时逐渐赢得了世界的承认和种种殊荣，这既是指他所获得的诸多荣誉，更是指他赢得了世界各地许多著名学者、科学家、艺术家、诗人和作家的衷心赞许和诚挚的友情。

1919年，令弗洛伊德倍感欣慰的一件事是他酝酿已久的维也纳国际精神分析出版社终于问世了。长期以来，许多出版社对于出版精神分析方面的著作都心存顾虑，这就给精神分析学者们开展学术交流、宣传科研成果、扩大自身影响等造成了障碍。因此，拥有一家自己的、专门出版精神分析专业书籍的机构便成为弗洛伊德及其同仁们多年的夙愿。

其实，当时要成立一家出版社并不难，只是资金问题而已。但对于弗洛伊德来说，养家糊口常觉艰难，何况投资办出版社了。因此，弗洛伊德对此虽然筹划许久，却苦于没有资金而令这一愿望一

直难以实现。

然而，这件事最终却出乎意料地得到了圆满的解决。弗洛伊德的一位患者安东·弗罗因德伸出了慷慨之手，让弗洛伊德的这个愿望终于成为现实。

安东·弗罗因德是布达佩斯的一位啤酒商，不幸患病，多年都没有治愈。后来听说弗洛伊德的大名后，便慕名前来求诊，竟然一举康复。患者感动之余，便想对弗洛伊德有所答谢。

后来，他听说弗洛伊德正在为筹措出版社的资金发愁，便慷慨解囊，斥资50万美元为弗洛伊德兴办了专业出版社。

出版社成立后，开始陆续出版弗洛伊德的作品以及相关的书刊等。20多年来，共出版数百种专业学术性书刊。《弗洛伊德全集》的第一版，也是这家出版社从1924年开始出版发行的。

20世纪20年代起，弗洛伊德首创的精神分析学说在文学艺术界的影响日渐广泛和深入，弗洛伊德本人也愈来愈得到世界各国文学艺术家们的推崇。

1929年，英国杰出的小说家、诺贝尔文学奖的获得者托马斯·曼发表的文章《弗洛伊德在近代精神科学史上的地位》，对弗洛伊德进行了高度的评价，称他是"20世纪最伟大的思想家之一"。

由于弗洛伊德的文学艺术理论对各种文学创作的作用及重大影响力，1930年7月，德国歌德协会为弗洛伊德颁发了"歌德文学奖"。这是弗洛伊德非常重视的一项荣誉，他在《自传》中说：

> 在我荣获1930年歌德奖之际，我的女儿安娜代表我去莱茵河畔的法兰克福市参加了该市市政厅举行的授奖大会。这是我公民生活的最高峰。

之所以未能亲自前往领奖，是因为此时的弗洛伊德已经重病缠身，故而未能参加盛典，由女儿安娜代为出席。

时隔5年后，弗洛伊德又获得了一项殊荣——英国皇家学会接纳弗洛伊德作为该学会的名誉会员。

这一时期，弗洛伊德也赢得了世界许多科学家的友谊和尊重。尤其值得一提的，是弗洛伊德与著名物理学家爱因斯坦的交往。

1926年12月，弗洛伊德与夫人玛莎一起前往德国柏林探望儿子。在此期间，弗洛伊德拜访了爱因斯坦。

两位大师首次会面，便热烈地交谈了两个多小时。两位大师有所区别的是：一个人冥思苦想的是物理世界，另一个人孜孜追求的是心理世界；而两位大师共有并相映生辉的地方，就是他们都是犹太人，都在各自的领域中取得了划时代的成就。

（二）

就在弗洛伊德用他的成就征服世界，一步一步迈向生命的辉煌之际，病魔也正一步一步地向他悄然袭来。

1923年初，弗洛伊德在一次吃面包的时候，发现面包上有血迹，当时他并没有在意。几天后，弗洛伊德再次发现了血迹。

作为一个医生，弗洛伊德想起了一句行话——"留心毫无疼痛的出血"，他开始重视起来。

起初，弗洛伊德以为只是牙龈发炎，牙根肿大，但几个星期后，他发现肿块并没有消失，反而还增大了。弗洛伊德决定找专科医生检查一下。

弗洛伊德找到了维也纳总医院喉鼻科的诊室主任、教授马尔库斯·哈耶克博士。哈耶克检查后说：

"不用太担心，不过是长在硬腭黏膜上的白斑病而已。"

同时，他建议弗洛伊德做手术切掉这个东西。

几天后，内科医生菲利克斯·德斯来到弗洛伊德家中，弗洛伊德又请他为自己检查口腔中疼痛的部位。

检查完毕后，德斯的态度不是很明朗。他用平缓的语气说：

"哈耶克博士的诊断是正确的，您最好趁早切掉它。"

德斯脸上那种细微的表情反而让弗洛伊德不安起来，但是，为了不让家人担心，他没有将病情告诉家人，而是自己在当年4月独自一人到医院做了切除手术。

在给弗洛伊德做手术时，哈耶克快要将整个肿块摘下时，突然碰到了一根大血管，结果血一下子就喷了出来。弗洛伊德一下就陷入到呼吸困难的状态，连连咳嗽，如注的血顺着椅子不断向下淌。哈耶克沉着老练地切下肿块的最后一刀，取出肿块，然后赶紧为弗洛伊德止血。

手术一个月后，弗洛伊德又开始工作了，但精神很不好。这时，聪明可爱的外孙海因茨从汉堡来到维也纳治病。他当时只有4岁半，弗洛伊德每天与外孙一起玩积木、外出散步、喝咖啡等。外孙的天真活泼给弗洛伊德的生活带来了快乐。

然而不幸的是，不久后，海因茨因患粟粒疹的肺结核去世了。这对弗洛伊德是一个很大的打击，他痛苦地哭了起来。

"……这种无尽的悲伤已经深深地潜入我的内心深处，分秒不离地伴随着我的工作。在我的思想中已经激不起智慧的火花，我很久都没有写出一行字。"弗洛伊德后来在描述自己当时听到这个悲痛的消息时说。

在这之后不久，弗洛伊德又说，海因茨之死"给我一次不可言状的打击"，"在这之后，我再也不对任何新鲜的事物感兴趣"。

但一段时间后，他又说，他将海因茨之死给他的沉重打击转化成为一种巨大的动力，促使他除了发展科学的雄心以外再也不对其他事物感兴趣——他说自己已经对其他的一切事物都麻木了，心中唯有一个信念：努力啊，努力，在自己的有生之年，一定要达到自己的目标才行！

4个月后，弗洛伊德手术后的伤口不仅没有愈合，反而开始向下腭扩展。德斯医生将弗洛伊德介绍给欧洲最著名的口腔外科医生汉斯·皮席勒教授。

8月初，皮席勒教授为弗洛伊德进行了彻底的检查后，不太乐观地说：

"弗洛伊德教授，您是一位医生，也是一位科学家，您应该知道一切真相。"

"是的，皮席勒教授。"弗洛伊德平静地回答说。

"那么，我要说的是，您患上了严重的口腔癌，唯一能阻止它的只有手术。不过，这会给您带来残疾，您的上腭会出现一个洞。幸运的是，我们能够用修复术对其加以修补。"皮席勒教授对弗洛伊德说。

弗洛伊德静静地听着皮席勒教授的分析。皮席勒教授接着说：

"对于您的手术，我打算分两个步骤进行，为的是能够控制这类手术中常见的大出血现象。"

弗洛伊德的心中一沉，但他还是冷静地听着皮席勒的治疗步骤：第一步，拔掉右边的牙齿，几天后在右上颈部进行外科手术，结扎外部的颈动脉，再切除颈部的淋巴瘤；第二步，切除在硬腭区域内侧的癌细胞痕迹，为此可能需要切除一部分右软腭、舌头和右脸颊内的表面，以及牙齿以下的颌骨，这也是最为关键的一步。

同时，皮席勒医生还建议弗洛伊德应该尽快接受手术，因为癌细胞

已经扩散。

可是再过几天，精神分析的核心小组就会聚集在圣克里斯多佛举行会议了。弗洛伊德早先还计划要在8月份去罗马，现在有两个问题：第一，核心小组的成员还不知道弗洛伊德的病情有多严重，他们会不会劝他接受手术？因为弗洛伊德自己也不太希望动手术；第二，弗洛伊德是按原计划去罗马，还是马上做手术？

最终，弗洛伊德没有接受皮席勒教授的建议马上进行手术，而是去了罗马。等他从罗马回到维也纳后，才知道自己的病情已经很严重了。

（三）

1923年9月底，弗洛伊德住进了医院，准备接受手术。

而事实上，这次手术比预想的要复杂得多。外科医生发现，必须先在一个尸体上进行实验，然后才能决定是否进行手术。而且，还需要动两次较大的手术，预定的第一次较小的手术在10月4日进行，一周后再进行第二次较大的手术。

第一次手术后一周，皮席勒教授按照预定计划开始为弗洛伊德进行第二次关键性的手术。手术中，皮席勒小心翼翼地一刀一刀地将弗洛伊德的上唇切开，接着又沿着鼻子右边快速地一刀切到眼睛处，从口腔后部取出恶性肿瘤，再用凿子和木槌敲打带有癌细胞的骨头，最后用切骨器取下有癌细胞的骨骼组织。

整个手术进行了7个多小时，随后，皮席勒认真地检查了伤口，然后从弗洛伊德的左臂上取下一块皮肤，将脸颊缝回原处。

手术做完的头几天，弗洛伊德只能用鼻腔进食流食。上腭部的洞里面塞满了纱布，痛苦万分。

晚上，需要打吗啡针止痛后，弗洛伊德才能入睡。几天后，疼痛感渐渐消失了，但弗洛伊德感觉他的右脸颊麻痹了。平时他也只能吃一点流食，几乎没有力气看书，注意力也只能集中一会儿。但是，他仍然记得皮席勒教授说的10月底他就可以出院的话，决定从11月1日开始工作。

10月底，弗洛伊德出院回到家中，准备集中精力投入到工作当中。然而，弗洛伊德的愿望不过是幻想罢了，因为他的口腔仍然疼痛难忍，上腭洞里的堵塞物给他带来了巨大的痛苦，往往吃一两顿饭后就会发臭，而且每天都要到皮席勒医生那里做检查。

回家不到两个星期，11月12日，皮席勒将先前手术割下的组织拿去化验，结果显示：疾病仍旧在继续恶化中。皮席勒建议弗洛伊德再动一次手术，弗洛伊德无奈也只好答应。当天下午，皮席勒医生又为弗洛伊德进行了一次小型手术。这一切，给弗洛伊德带来的打击和痛苦自然是不言而喻的。

然而，对于弗洛伊德这样一个意志非凡的人来说，病魔的打击和折磨没有动摇他献身科学、继续工作的信念。他一边与癌症病魔进行搏斗，一边抓紧有限的时间继续他的研究工作。

幸运的是，这次手术比较顺利，12月底，弗洛伊德回到家中，病情也开始有所控制，身体在快速地恢复。

1924年新年刚过，弗洛伊德就开始工作了。白天，他要诊治6个病人，晚上继续写作。在这期间，他写了《精神分析学：探索大脑的隐匿部分》《精神病中的现实丧失》《受虐狂的经济学问题》《神经病与精神病》等。

同时从这一年开始，精神分析学会继续在欧美各国获得快速发展。"精神分析训练研究中心"也纷纷在柏林、维也纳、伦敦和纽约等地

建立起来。

1925年，国际精神分析学大会在普鲁士召开了第九次会议，由安娜代表她的父亲宣读了论文——《论两性解剖学上的差异所产生的心理后果》。

在这一年的年底，亚伯拉罕患肺癌去世了。虽然在最后的几年内，亚伯拉罕与弗洛伊德之间的观点出现了分歧，但弗洛伊德仍然很尊重他，也很珍惜与亚伯拉罕的友谊。他在为亚伯拉罕所写的悼文中引用了古罗马诗人贺拉斯的一句诗文：

"一位终生昂然挺立而又纯洁的人。"

这是对亚伯拉罕一生最高的评价。

随后，弗洛伊德写信给琼斯说：

"夸大一个人的死是我所不肯做的事，我尽力避免这样做。但我认为，上述引文对亚伯拉罕来说是很切实的。"

亚伯拉罕去世后，艾丁根继任国际精神分析学会会长，安娜担任学会秘书。

这一年，弗洛伊德的病情又开始加重，而亚伯拉罕的去世也让弗洛伊德感到了生命的不测。他担心自己的生命也不会长久了，因此开始抓紧时间写他的《自传》。

在《自传》中，弗洛伊德系统、概括地总结了精神分析学的发生和发展的历史，突出了精神分析理论体系的中心问题。因此，该书在学术上和理论上都具有重要的价值。

同一年，弗洛伊德还为法国的《犹太人评论》杂志写了一篇论文——《对精神分析学的抵制》，并发表了两篇医疗方面的论文——《否定》和《两性在解剖学上的差异所产生的心理后果》；其中后一篇文章就是安娜在普鲁士大会上宣读的论文。

（四）

从经过三次手术之后，弗洛伊德便不再去计算自己还要进行多少次手术和X光治疗了，因为皮席勒教授还要给他切除肿瘤、植皮。在随后的几个月中，还将有更多的手术和植皮术等着弗洛伊德。

1926年，弗洛伊德70岁生日时，尽管他竭力避免庆祝活动，但前来祝贺的人还是很多，屋子里摆满了鲜花和来自世界各地的信件和电报，还有埃及和希腊的雕塑像礼品等。

尽管如此，病魔还是在无情地发展着，而且由于精神上的忧虑和身体上的痛苦，弗洛伊德又得了心脏病。为了避免在写作时大脑不清醒，弗洛伊德拒绝服用阿司匹林等药物减轻病痛。每天早晨，他都坚持拖着病体外出散步，以增强身体抵抗力。

这一年，弗洛伊德在病痛的折磨下写了《行外心理分析治疗问题》一文。

由于癌细胞的不断扩散，弗洛伊德口腔中的肉不断被切除，加上X光的大量照射，自然会导致身体其他部位出现毛病。因此除了心脏病外，弗洛伊德还经常感冒发烧。

家人经过商量，决定为弗洛伊德请一位私人医生来照顾他。后来，他们找到了一位名叫麦克斯·舒尔的医生，负责对弗洛伊德进行日常的治疗和护理。

舒尔比弗洛伊德小41岁，他的到来给弗洛伊德一家带来了很大的变化。每天，他会陪弗洛伊德去皮席勒大夫那里做检查。他与弗洛伊德两个人互相信任，最终发展成为忘年交。

从这时起，一直到1939年弗洛伊德去世为止，期间都是麦克森·舒尔负责弗洛伊德病情的治疗和护理，这对延长弗洛伊德的生命无疑起

到了重要的作用。

尽管病魔夺去了弗洛伊德很多的时间和精力，但他依然用坚毅的精神和不屈的毅力，写下了许多新的著作。

1927年，社会危机笼罩着整个西方国家，经济萧条发展成为经济危机，物价再次出现飞涨，这一切让弗洛伊德陷入更加困难的境地。而且这一年，他的病情也在不断恶化，身心都痛苦不堪，但他仍以惊人的毅力写下了《幻想的未来》《拜物教》等作品。

在《幻想的未来》这篇论文中，弗洛伊德认为，宗教本身是虚幻的，是人们的幻觉。弗洛伊德知道，这一观点肯定会让他再次受到攻击。

同时，弗洛伊德在这篇论文中还主张，他并没有增加什么反对宗教的声势，而要表达的只是"在那些伟大的前人的批评基础上，加了一些心理学的基础"。

《幻想的未来》的观念并不是新的，它受弗洛伊德30年来所发现的精神分析理论的支持。这篇论文所引起的反应也正如弗洛伊德预想的那样。在纽约，犹太人牧师纳桑·克里斯道出了一般人的观念：

"我们习惯于听一个人谈所有的主题，只因为他在某一方面做了一些令人注意的事。因为爱迪生知道电学，于是人们就要听他的神学意见；因为一个人在航空学上的成就，就有人要求他谈宇宙万物的事。同样，大家都赞美弗洛伊德这位精神分析学家，但是，我们没有理由也去尊敬他的宗教哲学！"

弗洛伊德以前的一个病人林拉夫很热心地将这篇评论写信告诉弗洛伊德，弗洛伊德邀请林拉夫一聚。林拉夫后来就这次见面的情景写道：

话刚一进入主题，弗洛伊德就承认任何人的赞美都会带给创作者快乐。但是，紧接着他就在我的热心上泼了冷水。他说："这是我最坏的一本书！它不是弗洛伊德的书。"你们绝对想象不到我当时的诧异，我当即否定了他的说法。

但他仍继续说："那是一本老头子写的书。"那时我惊讶得差点昏倒！他一字一句地加强语气说道："此外，弗洛伊德现在已经死了！相信我，真正的弗洛伊德的确是个伟人。我特别为你感到难过，因为你过去并不了解他！"

弗洛伊德的这种不稳定的情绪可能与他的身体状况有关，因为他总是不断地有身体上的麻烦，而且需要不停地进行治疗。

1929年六七月份，弗洛伊德又带着病痛完成了《文明及其不满》一书。9月，他不得不到柏林继续接受治疗。在柏林，有女儿安娜照顾他，弗洛伊德还能尽情地享受与他的两个儿子恩斯特和奥利弗家人共度的时光。

1930年9月，弗洛伊德的老母亲安美妮去世了，让他再次受到打击。但同时，这一事件也成为弗洛伊德继续抓紧时间奋力著述的新的动力。

这年的10月份，弗洛伊德又进行了一次手术。这次手术不久，他又不幸患上了支气管肺炎。

就在弗洛伊德打算争取一切时间，在有限的生命中为他所开创的事业进行最后的冲刺时，严峻的政治形势令他的处境变得更加糟糕。

　　有一次，弗洛伊德对他的大女儿玛西黛说："我感觉到，近两年来你都在为一件事犯愁，就是你认为自己不够漂亮，找不到丈夫。我可没把这当回事，在我眼里，你很漂亮。"可是女儿却笑着回答说："可您不能娶我，爸爸，你早已结婚了。"

第十七章　受到德国纳粹威胁

　　青年知识分子往往因禁欲而专注于其工作，而艺术家则需要性经验的强烈刺激和激荡才能有所创作。我的总体印象是：禁欲不可能造就强大、自负和勇于行动的人，更不能造就天才的思想家和大无畏的开拓者及改革者。

——弗洛伊德

（一）

　　1919年所建立起来的德意志共和国，随着1933年希特勒的上台而宣告结束。希特勒一上台，便开始大肆推行种族主义，迫害犹太人，并将这种迫害殃及到精神分析学说及学者身上。

　　同时，希特勒还制造了"国会纵火案"，污蔑德国共产党，并利用"第二帝国万岁"和"杀光全体犹太人"的口号笼络了大批的德国人，对犹太人进行残酷无情的迫害：毁灭他们的家庭和事业，没收他们的财产，对他们进行人身摧残，然后送到收容所、集中营，最后将其赶入毁灭营。

　　1933年5月，柏林当局宣布将弗洛伊德的著作列为禁书，并立即开始收缴、焚毁。消息传来后，弗洛伊德非常气愤。他悲愤地说：

"时代终究进步了，倘若在中世纪，他们会把我也焚烧了！如今，他们却只能满足于焚烧我的书了！"

到了6月，纳粹分子接管了柏林精神分析学机构，学会主席被迫辞职，荣格接替了这一职位。许多文学家、艺术家、科学家等都相继离开德国，爱因斯坦去了比利时；茨威格将妻儿送到巴基斯坦后，本人不久也去了那里。

此外，精神分析学家们也都纷纷离开德国和奥地利，阿德勒去了美国；弗洛伊德的两个儿子奥利弗、恩斯特也都来信说，他们也打算离开德国。

在这种情况下，许多人都劝说弗洛伊德离开奥地利，但弗洛伊德面对德国法西斯的迫害狂潮表现得很坚定。他继续安然地每天接治病人，在书桌上写文章。这一时期，弗洛伊德将自己的研究重点放在文学艺术等方面。

很快，德国法西斯当局就没收了国际精神分析学出版社的全部财产。由于马丁·弗洛伊德的努力，出版社的工作一直维持到法西斯入侵到维也纳的时候。

在德国，弗洛伊德的著作几乎全部被法西斯烧毁了，柏林的精神分析学机构也完全由纳粹分子所掌控。在这种形势下，1934年的国际分析学第十三次大会只好在瑞士的卢塞恩召开，但弗洛伊德已经无法亲临参加了。

1934年2月，奥地利多佛斯首相镇压了一次社会党的政变，国家政权移至右派以后，弗洛伊德开始对他在奥地利的前途怀疑起来。

但是，如果此刻选择离开奥地利，他会被人认为是畏缩，是从战斗中撤退出来。弗洛伊德认为，只有在情况最为严重的时候，他才能走这一步。

此刻的弗洛伊德很不像一个已经接近80岁的癌症病人，他认为他一离开奥地利，就不能行使原本最大效能的影响力了。

希特勒在被国会授予无限的权力之后，德国的精神分析师们就开始面临一个十分痛苦的问题了。接着，德国吞并了奥地利，占据了法国、荷兰、比利时、卢森堡等，许多欧洲人也遭遇到同样的问题——是继续留下来，以一种与敌人合作的态度，屈从于纳粹统治之下；还是移居他国，离开"第三帝国"的控制比较好呢？这真是个叫人为难的问题！

这个时期，逃离德国的人渐渐增加，而弗洛伊德和他的女儿安娜以及在伦敦忠贞不二的琼斯，开始为不能在"第三帝国"执业的精神分析师们寻找新的工作岗位。

（二）

弗洛伊德的病情还在加重，手术也在不断进行。弗洛伊德的私人医生舒尔不得不让他的病人清楚地知道，癌细胞的生长和发炎是由尼古丁引起的。他说：

"我多次劝他戒烟，可他总是耸耸肩，以他的手作出一种特有的姿势，不理会我的建议……以后当他的心脏出现毛病时，他会遵守不抽烟的限制，但他从来不顾嘴里的一个坏组织已经发展成为新的恶性肿瘤的危险。"

1936年，弗洛伊德迎来了他难忘的80岁寿辰。在家中，他举行了隆重的生日庆祝宴会。在连续的4个星期中，他收到了许多来自世界各地的贺电和贺信。托马斯·曼在心理医学院协会上作了书面致辞，并亲自去看望了弗洛伊德，当面向他宣读了200多位世界著名学者签名的致词。

在维也纳，心理学机构的教师研习会不知道该如何为弗洛伊德庆祝生日。最后，有人认为他会喜欢从山里采摘来的野花。于是，一个职员去采摘了一大束黄色的樱草花，研习会派一位17岁的女孩子将花送给弗洛伊德。

出乎大家的预料，弗洛伊德亲自对女孩表示了感谢，而且表示他非常感谢研习会的盛情。

但弗洛伊德也很清楚，尽管有许多荣誉，他仍然处于逆流之中。

这年年底，弗洛伊德必须再进行一次他称之为"普通的"手术，但这次手术却引起了不平常的剧痛，弗洛伊德不得不在床上痛苦地躺了12天。

1937年初，尽管弗洛伊德再一次以极大的热情投入到工作当中，病情却在继续恶化。他不得不离开家到疗养院去，并在疗养院里进行了几次手术。在这期间，他还是没有放弃研究和写作，完成并发表了《摩西与神教》一书。这本书的第一、二部分分别发表在《伊玛果》1937年的第一和第四期上。弗洛伊德对第三部分还有些犹豫，觉得需要斟酌，因此搁浅。

1938年1月，弗洛伊德再一次接受手术，剔除了癌组织。手术后的第10天，他就恢复了门诊与写作。

3月11日，奥地利首相被迫辞职，德国纳粹党进入奥地利。弗洛伊德听到这一消息后，便吩咐女佣去买来一份报纸。后来，他的儿子马丁说：

"爸爸轻轻地从波拉手中接过报纸，看了每一个标题，然后用手把报纸揉成一团，扔在房间的一个角落里。"

在弗洛伊德的日记上，他写道：

"奥地利完蛋了！"

3月12日早晨，希特勒亲自来到奥地利。显然，他是基于一时的冲动，决定不再设立奥地利傀儡政府，而是将奥地利直接并入德国的版图。

人们再次劝说弗洛伊德离开奥地利，弗洛伊德仍然拒绝了。他认为，纳粹不可能不尊重《凡尔赛合约》中有关少数民族的条款，而犹太人也属于少数民族。

但几天后的事实让弗洛伊德震惊了。一个星期天的早晨，一伙全副武装的纳粹分子闯入弗洛伊德的家中，声称"奉命没收一切异己分子的钱财"。

玛莎走进厨房，将一周的家用钱拿出来放在餐桌上，说：

"先生们请自便吧！"

但是，纳粹队员并不罢休，这点钱怎么够他们分的呢？

安娜看出了他们怒气冲天的用意，便打开了保险柜。纳粹队员将保险柜中的钱全部拿出来，还点了一下数目。

弗洛伊德听到声音后，从书房中走了出来。纳粹队员们看到他那逼人的目光后，灰溜溜地扭身走了。

（三）

德国军队入侵维也纳几天后，琼斯赶到了维也纳。他先见到了安娜，安娜请琼斯尽快交涉国际精神分析学出版社的财产处理问题。

然而，当琼斯来到出版社后，看到弗洛伊德的大儿子马丁已经被捕。

原来，当马丁正在这里整理账目时，一伙纳粹分子冲进来，不但将马丁抓了起来，还将钱财全部抢走，并扬言要烧光里面所有的书籍。

琼斯刚一进去，也被马上抓了起来。琼斯急忙声明自己的国籍，并要求英国大使馆出面交涉。这样，他才将那帮家伙打发走，让马丁得以获救。

琼斯和马丁从出版社出来后，马上赶回弗洛伊德家中，再一次力劝弗洛伊德离开奥地利。

但弗洛伊德依然倔强地说：

"不，我的地方就是脚下！"

最后在众人的一致劝说之下，弗洛伊德才勉强答应离开。

琼斯立刻飞回伦敦，请求英国政府批准弗洛伊德入境定居，英国政府也表示同意。因担心德国纳粹分子阻挠，琼斯与美国大使布里特联系，希望给予帮助，布里特答应全力相助。

布里特与当时的美国总统罗斯福私人关系很好，请求罗斯福总统给予支持和干预。随后，罗斯福通过国务院命令美国驻维也纳临时代办威利先生全权帮助弗洛伊德离开维也纳。而布里特则在巴黎直接警告德国驻法大使，不许迫害弗洛伊德一家。

在此期间，弗洛伊德一家遭受到了威胁的困扰。

一天，一伙纳粹分子又闯入弗洛伊德的家，要将安娜带走。弗洛伊德厉声吼道：

"你们为什么要带走我的女儿？要带她去哪里？"

"到大都会饭店，有些问题要问她。"

听说大都会饭店，玛莎的脸色立即苍白。她很清楚，大都会饭店就是盖世太保的总部！维也纳的犹太人被逮捕后都被送到那里，其中许多人接着被送入集中营，遭受非人的折磨，甚至丢掉性命。

这件事让弗洛伊德深受震动：因为自己的不离开，可能会连累家人

受罪，为什么不能为孩子们想想呢？

　　幸好在维也纳临时代办威利的帮助下，再加上安娜本人的敏锐和机智，最终她才逃出虎口，平安地回到家中。

　　当弗洛伊德见到女儿安然无恙地回来后，激动地大声说道：

　　"感谢上帝，你平安回来就好！我们马上收拾行李，明天就离开维也纳！"

　　但这时，纳粹分子已经封存了弗洛伊德的账户，幸好美国驻法大使布里特和美国总统罗斯福为弗洛伊德的出境做了大量的工作。而且，由于弗洛伊德曾给贝尼托·墨索里尼寄过一本亲笔签名的著作，这时墨索里尼也出面请希特勒让弗洛伊德一家安全出境。

　　与此同时，希腊公主玛丽·波拿巴也与法国和希腊政府交涉，以帮助弗洛伊德尽快出境。当纳粹要求弗洛伊德缴纳4800美元的税款时，玛丽·波拿巴马上用自己的钱支付了这笔"讹诈款"。

　　弗洛伊德写信给英国的儿子恩斯特说：

　　"在这无比悲哀的时刻，有两个希望支撑着我继续前进：一是和你们重逢，二是可以自由地死去。"

　　10天后，弗洛伊德的大女儿玛西黛与她的丈夫被获准出境，而弗洛伊德还要再留一个星期。

　　最后，一切必需的文件都备齐后，弗洛伊德在释放证上签了字。

　　在众人的极力协助之下，一切障碍终于扫清了。1938年6月4日，弗洛伊德携小女儿安娜和妻子玛莎等家人离开了居住79年的维也纳。

弗洛伊德经过研究，提出了恋父情结的概念，认为由于女孩子的异性爱本能倾向，使得女孩子会恋父而妒母，即"女儿是父亲上辈子的情人"。结果这件事在弗洛伊德和安娜的身上得到了体现，他的最宠爱的小女儿安娜·弗洛伊德终身未嫁，始终都陪伴在父亲的身边，并继承了父亲的学术衣钵。

第十八章　最后的岁月

你的眼睛疲倦了、累了，闭上你的眼睛……

——弗洛伊德

（一）

弗洛伊德离开维也纳后，首先搭乘"远东号列车"前往巴黎。列车驶过莱茵河，弗洛伊德才舒了一口气。他和妻子玛莎及家人宽慰的眼神表明：现在已经平安无事了。

到达巴黎后，儿子们已经从英国赶来迎接，玛丽·波拿巴也乘坐一辆汽车在等候他们，布里特大使也在欢迎的人群当中。随后，玛丽·波拿巴将弗洛伊德一行接到自己的住处，大家轻松愉快地度过了一天。

玛丽·波拿巴告诉弗洛伊德，已把他的存金转到了希腊驻维也纳的大使馆，存金被保护下来了。大使馆会寄给希腊国王，再由国王转运到希腊驻英国大使馆，最后转交给弗洛伊德。

当天晚上，弗洛伊德和家人离开巴黎，搭乘晚上的渡轮前往英国，第二天早晨在多佛平安上岸。

到达伦敦后，琼斯已经作好安排，给予弗洛伊德及家人以外交人

员的礼遇，因此弗洛伊德一家在多佛和伦敦都没有遭到行李检查和其他的例行检查。

琼斯甚至成功地避开了许多新闻记者的注意，用自己的汽车接走了弗洛伊德夫妇，然后将他们送到事先为他们安排好的住所中。

弗洛伊德对这个新的住所感到很满意。花园、樱草色的大厅和舒适的卧室，都让他感到清新。来到这个新环境以后，他仿佛忘记了自己已经是一位82岁的病人了。

对于一位已经80多岁、重病缠身的老人来说，这趟折腾真是让弗洛伊德感到痛苦不堪。不过，到达英国后的几个月里，至少有一部分肉体上的痛苦被他在英国所受到的欢迎所抵消了。欢迎他的人，不仅有医学界人士和犹太人团体，还包括一些一般人士。

1938年，玛莎在写信给仍在维也纳的朋友时说：

> 每天，我们都会收到许多欢迎他的来信。我们来这里只有两个星期，但即使信件不注明街道，只写"伦敦，弗洛伊德"也照样能够收到。想想看，伦敦有1000万居民，这不是很奇怪吗？

幸好有安娜的帮忙，弗洛伊德才能应付得了这些如潮水般涌来的信件。在这些信件中，有些是弗洛伊德的朋友写来的，另外一些则是陌生人，他们只是希望问候弗洛伊德，或者索取他的签名。

1938年6月23日，弗洛伊德的住所来了一群特别令他高兴的访客。他们是英国皇家学会的秘书们，他们带来了学会的会员录，请求弗洛伊德签名。

弗洛伊德无法亲自到学会的总部去，会员录只能送到他的面前来，这种荣誉以往只有英国的国王才能享有。弗洛伊德十分高兴，他写信告诉茨威格说：

　　"他们留下了一册复制本给我。如果你来到这里，我可以将牛顿和达尔文的签名指给你看。"

　　在科学和文艺界，英国人类学家马林诺夫斯基、生物化学家威斯曼、著名作家威尔斯和茨威格陪同西班牙画家萨尔瓦多·达利等先后来拜访了弗洛伊德。

　　但是，弗洛伊德并没有忘怀自己的祖国，他很想念维也纳。他写信给艾丁根说：

　　　　获得解放的胜利心情是同忧伤交错在一起的，因为我始终热爱着那所我刚刚从那里被释放的监狱。

　　想起维也纳时，弗洛伊德虽然会想到发生在那里的许多不愉快的往事，但同时也让他想起自己与父母、子女在那里共度的天伦之乐，想起与同事们一起钻研人类精神领域的奥秘的情景。

　　可是现在，这一切都过去了！啊，都是那可恶的法西斯！它不仅夺去了弗洛伊德及千千万万善良的人们的家庭，也夺去了他们的自由生活，夺去了他们的事业。

　　对法西斯的仇恨，使弗洛伊德回到了现实。他懂得今后应该怎样生活，把希望寄托在下一代和无数新人们身上。

（二）

　　1938年7月，在休息了一个月左右，弗洛伊德又开始工作了。现在，他所研究的问题是"归纳精神分析的教义，而且以最简单的形式和最清晰的字句来叙述它们。它的用意是不强迫别人相信或引起盲从"。

此时，在英国和美国，精神分析就要被广泛应用了，那是弗洛伊德没有预料到的。其中的一个原因，就是几个月以后即将爆发的第二次世界大战。在这期间，多数交战国家都开始聘用精神分析专家为他们自己的心理战运动提出建议，同时也分析敌人的心理战。

在这期间，弗洛伊德的学生恩斯特·克里斯准备在英国组织一个特别的政府机构，分析德国人的广播；后来，美国也这样做了。

第二次世界大战一开始，使用精神分析专家来治疗战争伤患的范围要比第一次世界大战广泛得多。

8月1日，国际精神分析学第十五次大会在巴黎召开。为了听取弗洛伊德在会上对所争论问题的意见，欧洲委员会的成员们都到弗洛伊德家中座谈，并按照弗洛伊德的观点平息了双方的争论。这次精神分析学大会，也是弗洛伊德生前参加的最后一次大会。

随后，弗洛伊德开始安下心来写《精神分析大纲》。他重复了各种基本的理论，以"自我""本我"和"超我"的结构来叙述，而且许多地方都暗示他有新的观念需要详细地叙述。但遗憾的是，他没能完成这些工作。

1938年年底，弗洛伊德搬到位于马斯非德花园的一幢宽敞的老宅中。这时，他的家具和私人用品已经从维也纳运过来了。因此，弗洛伊德在维也纳的书房在这里又重新建立起来，安娜将父亲书房的家具按以前同样的位置摆放，桌子上放上了以前的雕像和画，这让弗洛伊德倍感亲切。

弗洛伊德的病情还在恶化，来到伦敦后，他又接受了一次较大的手术。医生确认，癌症已经扩散，手术的目的也只是尽力消除癌细胞，减轻病人的痛苦。这是弗洛伊德动的最后一次手术。

到1938年秋，弗洛伊德的精力已经所剩不多了，他需要经常休息，否则就会感到不适。这时，他将自己的所有精力都花费在他最后

一篇震撼人心的论文的写作上，那就是《摩西与神教》——三篇论文和几年前写的序文。

1939年3月，《摩西与神教》分别在荷兰和德国出版。通常认为，《摩西与神教》是弗洛伊德比较不成功的作品。首先在于，这本书被弗洛伊德写了改、改了又写，结构也多次动摇；其次，年纪大了也是一方面的因素。琼斯在私下曾向一个书评人表示：

"弗洛伊德晚年引述别人的话时特别挑剔，他只引用支持他的特殊论点的话。这完全不像他早年时，会看完整篇文章后再斟酌。我觉得，这种习惯与他精力所剩无几有一定的关系。"

在写完《摩西与神教》后，弗洛伊德继续坚持写《精神分析大纲》一书。但由于病情急剧恶化，他不得不中断此书的写作，并且再也没有继续写下去。

早在1938年年中，医生在弗洛伊德的口腔深处发现了另一个肿瘤。他的私人医生舒尔写道：

起先，它看起来像是另一个骨疽，但不久以后，这个组织被破坏的情形显得异常严重。这时，医生对弗洛伊德的病情发展程度产生了严重的分歧意见，他们不能确切地控制它。1939年2月，巴黎居里机构的拉卡沙内尔博士抵达伦敦，指导我们实施放射线治疗，同时还进行了许多试验。但结果令人叹息，癌症很快又回来了，而且它的位置令我们无法再次进行手术。到了1939年3月，我们都知道，我们最大的希望只能是设法减轻他的痛苦了。

到这时，弗洛伊德的生命还剩大约6个月左右的时间，但他依然坚强地面对命运，拒绝服用可以减轻疼痛的药物。直至去世前的几个星期，他还在为几个病人进行精神分析。

1939年4月，舒尔医生必须离开英国，前往美国办理移民手续。这个时候，弗洛伊德已经不能照顾自己了。他写信告诉希腊公主玛丽·波拿巴说：

"我真的很希望可以有办法缩短这个残酷的过程。"

（三）

1939年7月，当舒尔医生从美国回来后，发现弗洛伊德的身体更加衰弱，以至于难以进食了。更令人难过的是，他的精神也已变得木讷冷漠。进入8月份，弗洛伊德变得一蹶不振，朋友们都纷纷前来探望。8月12日这天，准备前往美国的侄儿哈里向弗洛伊德告别，并说：

"我回来过圣诞节时，再来探望您。"

弗洛伊德苦笑着说：

"等你回来时，一定再也看不到我了！"

这个时候，无法进食的弗洛伊德还在继续读书，他阅读的书是巴尔扎克的《驴皮记》。弗洛伊德说：

"这本书正好适合我，因为它所谈的就是饥饿。"

9月19日，琼斯来探望弗洛伊德。他来到弗洛伊德的床前，轻声呼唤着他的名字。弗洛伊德艰难地睁开眼睛，伸出手，握住琼斯的手，最后用一种很庄重的手势向琼斯致意告别。

弗洛伊德的病情不断恶化。由于下腭已经全部烂掉，他的吃喝和睡眠都变得更加困难，可谓痛苦不堪。

21日早晨，舒尔医生坐在弗洛伊德的床边，弗洛伊德艰难地对舒尔医生说：

"我亲爱的舒尔，你一定记得我们的第一次谈话，那时候你曾答应我，如果我不能坚持活下去的话，你将尽力帮忙。现在对我来说只有折磨，一点儿其他的意义都没有了。"

显然，肉体的痛苦已经让弗洛伊德无法忍受，他祈望自己可以安详地死去。舒尔很理解弗洛伊德的心情，他紧紧地握了握弗洛伊德的手，答应会采取措施减轻他的痛苦。

弗洛伊德很感激，接着又对舒尔说：

"请把我们之间的谈话内容告诉安娜。"

随后，舒尔医生将弗洛伊德的话转告给安娜。在安娜在同意下，他给弗洛伊德注射了一支吗啡，弗洛伊德沉沉地睡去了。

第二天，1939年9月23日凌晨3时，弗洛伊德的心脏停止了跳动，终年83岁。

9月26日，弗洛伊德的遗体在英国伦敦的哥尔德草地火葬场火化。无数的吊唁者前来参加弗洛伊德遗体的火化仪式，琼斯致了悼词。同时，斯蒂凡·茨威格也在德国发表了悼文。

1940年，为纪念弗洛伊德，《弗洛伊德全集》的第十八卷伦敦版开始出版发行。这一版本的《弗洛伊德全集》一直到1952年才完成。

接着，自1953年起，由詹姆士·斯特拉奇等人主编的二十四卷本《弗洛伊德全集》也陆续出版。这是弗洛伊德给全人类留下的可贵的精神遗产。

弗洛伊德漫长的、充满战斗的一生结束了。一个伟人虽然逝去，但是，他的思想和精神将永远在全世界传递。

当我们现在再回头看弗洛伊德的一生时，就会发现：虽然他也有过迷茫，有过彷徨，但他却勇于探索，敢于坚持。所以说，他的一生是极富光辉和灿烂的一生。我们可以这样说：弗洛伊德在人类精神文明史上画上了浓重的一笔！

弗洛伊德是个老烟民，酷爱抽雪茄，一天甚至要抽20多支，直到最后患上了口腔癌才不得不戒烟。不过，依据他自己的理论，爱抽烟的人都是可怜的人。因为这些人在婴儿时期未能充分地吸吮母亲的奶，所以长大之后，为了弥补这方面的不足，就以吸烟的方式来满足欲望。

弗洛伊德生平大事年表

1856年5月6日　西格蒙德·弗洛伊德出生于摩拉维亚（现属捷克共和国）的弗莱堡。

1859年　全家迁居莱比锡。

1860年　迁到维也纳定居。

1865年　进入施帕尔中学学习。

1867年　因受《动物生命史》的影响，开始对自然科学产生兴趣。

1873年　以优异的成绩毕业于施帕尔中学。同年秋，考入维也纳大学医学院。

1875年　赴英国旅行，回维也纳后立志攻读医学。

1877年　发表关于鳗鱼生殖腺的形态与构造的论文。进入恩斯特·布吕克生理实验室工作。

1878年　开始研究八目鳗幼鱼苗的脊髓。

1879年　开始研究淡水蟹的神经系统。

1880年　受维也纳大学著名哲学家布伦坦诺委托，把英国哲学家、经济学家约翰·斯图亚特·穆勒的著作译成德文。

1881年　获得医学学位。

1882年　与妹妹的朋友玛莎·贝尔纳斯邂逅，订婚。进维也纳总医院工作。

1883年 进入麦那特负责的精神病科工作。

1884年 进入神经科工作。发表有关可卡因的论文。

1885年 离开维也纳总医院。9月，被任命为维也纳大学讲师。10月，得到一笔奖学金后前往法国巴黎，师从法国神经学家沙克。

1886年 自巴黎返国，途径柏林，去巴金斯基的诊所，了解儿童精神疾病方面的情况。4月，在维也纳开业行医。5月，向"医学协会"汇报在沙克教授那里的所见所闻。同年秋，与玛莎·贝尔纳斯结婚。

1887年 结识柏林医生弗里斯，结为好友。

1889年 前往法国南锡，进一步了解催眠法。10月，长女玛西黛出生。

1891年 出版《论失语症》。2月，次子奥列弗出生。

1892年 三子恩斯特出生。

1893年 次女苏菲出生。与布洛伊尔合作发表初论《癔病症状的心理机制》。

1894年 开始与布洛伊尔的观点出现分歧。

1895年 小女安娜出生。与布洛伊尔合写的《癔病的研究》出版。7月24日，对自己的梦境作了首次分析。

1896年 与布洛伊尔彻底决裂。10月13日，父亲雅各布去世。

1897年 开始对自己进行精神分析。确立幼儿性欲学说和"奥底浦斯情结"的观点，并计划写一本有关释梦的书。

1898年 发表了有关幼儿性欲的理论。开始写作《梦的解析》。

1900年 《梦的解析》问世。

1902年 被维也纳大学特聘为副教授。与阿尔弗雷德·阿德勒等4名青年创办了"星期三学会"。

1904年 出版《日常生活中的心理病理学》。

1905年　出版《玩笑及其与无意识的关系》，《少女杜拉的分析》和《性学三论》等。

1907年　与荣格会面。

1909年　应美国马萨诸塞州伍斯特市克拉克大学校长霍尔的邀请，与荣格等前去参加该校20周年校庆活动，并作了精神分析学方面的系列演讲。自此，精神分析学在美国开始产生影响。

1910年　参加纽伦堡大会。发表《原始语言的对偶性意义》《恋爱生活对心理的寄托》《精神分析学论文集》《爱情心理学之一：男人选择对象的变态心理》《列奥纳多·达芬奇对幼儿期的回忆》等著作。

1913年　《图腾与禁忌》出版。

1914年　发表《精神分析运动史》和《米开朗基罗的摩西》等作品。

1916年　发表《对战争与死亡时期的思考》等论文。在维也纳大学开讲《精神分析引论》。

1917年　《精神分析引论》出版。

1919年　在维也纳创办"国际精神分析出版公司"。

1920年　著《超越快乐原则》。

1923年　上颚发现肿瘤，首次进行手术。发表了《自我与本我》，提出新的人格理论。

1925年　开始撰写《自传》。

1926年　奥地利官方在弗洛伊德70岁寿辰时，首次通过广播介绍弗洛伊德的生平。

1927年　出版《幻觉的未来》《拜物教》等作品。

1929年　《文明及其不满》出版。

1930年　荣获歌德文学奖，因健康等原因，由女儿安娜·弗洛伊德前往法兰克福参加授奖仪式。

1932年　著《精神分析引论新编》。

1933年　希特勒掌权，弗洛伊德有关精神分析的书刊全部被禁。

1934年　第十三届国际精神分析学大会召开，弗洛伊德因病未能参加。开始撰写《摩西与神教》。

1935年　当选为英国皇家学会通讯会员。

1936年　80岁寿辰时，托马斯·曼、罗曼·罗兰、茨威格等世界名流纷纷向弗洛伊德赠送礼品。

1938年　纳粹入侵奥地利，"国际精神分析出版公司"财产被全部查封。6月，在欧内斯特·琼斯等人帮助下克服重重障碍，离开维也纳前往英国伦敦。9月，接受最后一次手术治疗。

1939年　《摩西与神教》出版。正在执笔中的《精神分析大纲》未能完成，癌症复发，且已不能再进行手术。9月23日，西格蒙德·弗洛伊德在伦敦去世，终年83岁。